ullstein

Das Buch

Gut gemeinte Ratschläge gegen Liebeskummer gibt es viele. Aber wirklich helfen tun nur die wenigsten. *Die Zeit, die alle Wunden heilt, die anderen Mütter mit ihren schönen Söhnen –* wer will das schon hören? Liebeskummer tut richtig weh! In »Schluss mit Kummer, Liebes!« berichten Frauen und Männer von ihren Erfahrungen und nehmen den Leser mit auf ihren ganz persönlichen Weg aus dem Herzschmerz. Der führt mal über verrückte Rückeroberungsmethoden, ausgefallene Reiseideen oder aber ein völlig neues Kennenlernen von sich selbst.

Die Autorin

Elena-Katharina Sohn ist die Gründerin und Geschäftsführerin der international ersten Liebeskummer-Reisen-Agentur »Die Liebeskümmerer«. Die Idee, ein Hilfsangebot gegen Liebeskummer zu schaffen, kam der ehemaligen PR-Beraterin aus eigener leidvoller Erfahrung: Sie kündigte damals ihren Job in einer großen Berliner Kommunikationsagentur und begann »Die Liebeskümmerer« aufzubauen. Elena-Katharina Sohn lebt in Berlin.

www.die-liebeskuemmerer.de

ELENA-KATHARINA SOHN

Schluss mit Kummer, Liebes!

Geschichten vom Herzschmerz und wie er verging

Ullstein

Besuchen Sie uns im Internet:
www.ullstein-taschenbuch.de

Originalausgabe im Ullstein Taschenbuch
1. Auflage Oktober 2013
2. Auflage 2013
© Ullstein Buchverlage GmbH, Berlin 2013
Umschlaggestaltung: semper smile, München
Titelabbildung: corbis © Ikon Images
Satz: LVD GmbH, Berlin
Gesetzt aus der Adobe Jenson Pro
Papier: Pamo Super von Arctic Paper Mochenwangen GmbH
Druck und Bindearbeiten: GGP Media GmbH, Pößneck
Printed in Germany
ISBN 978-3-548-37482-6

Für Marlen.

Inhaltsverzeichnis

Vorwort

Liebe Leserin, lieber Leser,

wenn Sie dieses Buch in Ihren Händen halten, weil Sie an
Liebeskummer leiden, habe ich nur einen einzigen Wunsch:
Es soll Ihnen ein Trost sein.

Es soll Ihnen sagen *Ich verstehe dich.* Es soll Ihnen beiste-
hen und zeigen *Du bist nicht allein!* Es soll Ihnen erzählen *So
war das bei mir mit dem Kummer* und Ihnen Mut machen mit
der Erkenntnis *Ein gebrochenes Herz kann man heilen!*

Die folgenden 21 Geschichten sind wahr. Sie sind das Ergebnis von beinahe 100 Interviews, die ich im vergangenen
Jahr mit Frauen und Männern über ihren Liebeskummer
geführt habe. Natürlich wurden einige Handlungsdetails
verfremdet, die Namen geändert, genauso wie Alter, Ort, Beruf und andere soziodemografische Daten. Das dient der
Anonymität der Erzählenden sowie involvierter dritter Personen.

Leider konnte ich nicht jedem der Interviewten ein eigenes Kapitel widmen, das hätte den Rahmen dieses Projekts
gesprengt. Umso mehr möchte ich mich an dieser Stelle bei
all jenen bedanken, die Zeit und Emotionen in lange Gespräche mit mir investiert haben. Ihre ehrlichen und offenherzigen Berichte sind in jede Zeile von *Schluss mit Kummer, Liebes* eingeflossen! Ohne sie wäre es mir niemals möglich

gewesen, das Gefühl Liebeskummer in so vielen Facetten zu beschreiben.

Als ich vor zwei Jahren meine Agentur *Die Liebeskümmerer* gründete, hatte ich eine Vision: Ich wollte dazu beitragen, dass sich kein Mensch mit seinem Liebeskummer allein oder unverstanden zu fühlen braucht. Außerdem erschien es mir völlig verrückt, wie selten unter Erwachsenen offen über die Tragweite von Liebeskummer gesprochen wurde – obwohl er wirklich schlimme Lebenskrisen auslöst und so gut wie jede und jeder ihn kennt. Auch auf diese Tatsache möchte ich mit *Schluss mit Kummer, Liebes* aufmerksam machen.

Vor einigen Jahren hatte ich selbst solchen Liebeskummer, dass mein Leben völlig aus den Fugen geriet. Das war eine sehr schwere Zeit, doch im Rückblick betrachtet möchte ich sie keinesfalls missen. Denn ich habe damals mehr über mich erfahren als jemals zuvor. *Liebeskummer lohnt sich eben doch, my Darling!* So fürchterlich er auch ist – er bedeutet so gut wie immer auch eine Chance.

In allen psychologischen Einschätzungen oder Ratschlägen, die in den Geschichten auftauchen, beziehe ich mich auf das Wissen meiner großartigen Kolleginnen. Denn ich bin selbst keine Therapeutin, sondern lediglich jemand, der weiß, wie man sich fühlt, wenn einem das Herz bricht.

Nun hoffe ich sehr, dass *Schluss mit Kummer, Liebes* Ihnen einige bereichernde Lesemomente beschert, und freue mich jederzeit über Ihre Gedanken und Ihre Meinung. Schreiben Sie mir: elena@die-liebeskuemmerer.de.

Ihre Elena-Katharina Sohn

Silberhochzeit

Jutta, 55 Jahre

Zwischen Hauptgang und Dessert klopfte jemand an sein Glas. *Plingpling* machte es und, damit es auch alle hörten, noch einmal, *plingpling*. Die fröhlich durcheinanderschwirrenden Gespräche verebbten, und an die siebzig Augenpaare richteten sich gespannt auf einen Mann mittleren Alters, der sich in einem schwarzen, schmal geschnittenen Einreiher von seinem Stuhl erhob. »Liebe Jutta, lieber Paul! Es kommt mir vor, als wäre es gestern gewesen, aber tatsächlich sind 25 Jahre vergangen, seit wir zuletzt in dieser Runde hier saßen und eure Hochzeit gefeiert haben. Es war ein wunderschöner Sommertag, genau wie heute! Der Himmel war blau, und die Sonne strahlte mit den Augen meiner großen Schwester um die Wette. Ich weiß noch genau, wie ich dort hinten in der Ecke stand, euch beiden beim Tanzen zusah und dachte, was für unglaubliche Glückspilze ihr seid, dass ihr euch gefunden habt. Hätte mich damals jemand gefragt, ob wir uns 25 Jahre später hier wieder sehen, hätte ich ohne jeden Zweifel gesagt *Natürlich – und auch noch in fünfzig!* Liebes Schwesterherz, lieber Schwager, ich bin happy, heute mit euch feiern zu dürfen. Und ich möchte euch sagen, dass ihr für mich, und ich denke, da spreche ich stellvertretend für viele andere, immer ein Vorbild gewesen seid. Der Fels in der Brandung unserer Zeit, die so voll von Beziehungswirrungen ist! Ich freue mich auf die nächsten 25 Jahre mit euch und erhebe mein Glas auf euer Wohl und auf das meiner beiden wundervollen Nichten!« Zustimmende Rufe und Toasts erklangen aus dem ganzen Raum, die Champagnergläser klirrten. Erst als Juttas Bruder um den runden Tisch ging, an dem die Familie saß, und zunächst sie und dann ihren Mann Paul umarmte, schwoll das Stimmengewirr allmählich wieder an.

Nach dem Dessert packten einige Musiker aus dem Freundeskreis ihre Instrumente aus, Pauls Cousine sang. Der Eröffnungssong sollte der gleiche sein wie vor 25 Jahren. *Stand by me* von Ben E. King. Als die ersten Takte erklangen und das Brautpaar Hand in Hand die Tanzfläche betrat, formten die Gäste einen großen Kreis. Langsam wiegte Paul Jutta im Rhythmus der Musik, ihre Bewegungen harmonierten, als wären sie eins. Ein paar Zuschauerinnen zogen Tempos aus ihren Handtäschchen, um die Tränen der Rührung aufzufangen. Der nächste Titel *Love is in the air* traf die Stimmung im Saal auf den Punkt. Binnen Sekunden füllte sich die Tanzfläche mit ausgelassen feiernden Frauen und Männern.

Das Fest ging bis in die frühen Morgenstunden. Zuletzt war es noch der harte Kern, der übrigblieb, wie immer. Die Wege von Gastgebern und Gästen trennten sich erst auf dem Parkplatz vor dem Restaurant, wo schon Taxen bereitstanden. »Ein großes Fest für ein großes Paar! Kommt, lasst euch mal drücken!«, rief Oskar, Pauls Geschäftspartner, leicht lallend und zog Jutta schon an seine Brust. Paul erwischte er nicht rechtzeitig, denn nach ihm wurde im selben Moment von der anderen Seite verlangt: »Paul! Jutta! Guckt mal her, ihr beiden! So frisch wie jetzt seht ihr in 25 Jahren garantiert nicht mehr aus!« Juttas Freundin Marion lachte. Sie hatte ihre Kamera in der Hand. Jutta ließ sich von Paul in den Arm neh-

men, der Blitz leuchtete auf, einmal, zweimal, dreimal. »Ihr
Lieben, es war ein sehr, sehr schöner Abend, danke«, sagte
Jutta und begann, sich von den sechs Freunden zu verabschie-
den. »Ja, kommt gut nach Hause, ihr beiden, wir hören uns
morgen!«, lächelte Marion und gab Jutta einen Kuss rechts,
einen Kuss links auf die Wange. »So machen wir's.« Jutta
wendete sich schnell dem nächsten zu.

Nachdem alle Gäste in ihren Taxen verschwunden waren,
stiegen Jutta und Paul auf die Rückbank der letzten gelben
Limousine. »In die Sigmaringer Straße 55, bitte«, sagte Paul,
»und bitte halten Sie auf dem Weg dorthin am Neustadt Hotel in der Schillerstraße.« Der Taxifahrer nickte und fuhr los.
Im Wagen herrschte jetzt Stille. Durch ihr Fenster sah Jutta
die vertrauten Straßen ihrer Heimatstadt an sich vorbeizie-
hen. Sie kamen sogar an dem feuerroten Mehrfamilienhaus
vorbei, in dem Paul und sie gelebt hatten, als die Mädchen
noch klein waren. Es hatte ein weißes Dach. Was waren das
für fröhliche Zeiten gewesen, damals. *Pling, pling* machte der
Blinker des Mercedes, als sie das Neustadt Hotel erreicht hatten und am rechten Fahrbahnrand hielten. »Und nun?«,
fragte der Taxifahrer. »Ich steige hier aus«, antwortete Paul.
Er blickte zu Jutta, doch sie starrte regungslos in entgegengesetzter Richtung aus dem Fenster. Erst zögerte er einen Moment, als wollte er noch etwas sagen. Doch dann fasste er nach
dem Türgriff und stieg aus dem Wagen.

»Ich habe mich in eine andere Frau verliebt, und ich möchte
mit ihr leben.« Sieben Tage vor der Feier war es gewesen, als
Jutta der Schlag traf. Körperlich fühlte es sich an wie irgendetwas zwischen Hörsturz und Herzinfarkt. Paul hatte vor ihr
gesessen und sich die Haare gerauft. Sie fragend angesehen.

Aber Jutta wusste nicht mal, *welche* Frage er ihr da stellte. »Was ist mit unserer Feier«, war das Einzige, was sie irgendwann herausgebracht hatte. Eine Gegenfrage, halb stotternd und zittrig. »Die machen wir, die machen wir, natürlich«, antwortete Paul hastig, seine Stimme überschlug sich fast. »Jutta, du warst mir 25 Jahre lang die beste Frau auf Erden, und ich sehe keinen Grund, das nicht zu feiern, nur weil … Wir müssen es ja vorher niemandem sagen … Es tut mir so leid …« Er begann zu weinen.

Wie glücklich und stolz war Jutta insgeheim immer gewesen. Um sie herum grassierte schon seit ungefähr einem Jahrzehnt die Verjüngungs-Epidemie. Ein Mann nach dem nächsten trennte sich von seiner Frau – für ihr jugendlicheres Double. Jedes Mal, wenn sie von so einem »Fall« hörte, war Jutta wütend und schockiert. Aber sie dachte auch jedes Mal besonders liebevoll an Paul. Er war einer der letzten Guten. Dafür, dass sie ihn hatte finden dürfen, wollte sie dem Schicksal auf Lebzeiten dankbar sein.

An die ersten Tage nach Pauls Geständnis konnte Jutta sich kaum erinnern. Es war, als hätte sie sich aufgespalten. Ein Teil von ihr, der weitaus größere Teil von ihr, war schwer verwundet. In Watte gepackt, stand er irgendwo regungslos in einer Ecke des Hauses. Nur der kleinere, übriggebliebene Teil funktionierte. Er organisierte die letzten Notwendigkeiten für das Jubiläum, war den Töchtern eine ansprechbare Mutter, den Freunden die Jutta, die sie erwarteten. Aber er besaß weder ein Herz noch Hunger und Durst. Das einzige Lebenszeichen, das ihm inne war, war Atmung.

Natürlich lag es nicht nur an Paul, hatte Jutta oft gedacht, sondern an der günstigen Chemie zwischen ihnen beiden, dass ihnen gelungen war, was nur die allerwenigsten schafften: Ihre Ehe, die als rasende Verliebtheit begonnen hatte, war im Lauf der Jahre zu einer tiefen, großen Liebe gewachsen – und die basierte nicht nur auf ihrer gemeinsamen Elternschaft. In erster Linie waren Paul und sie immer ein Paar geblieben. Vor drei Jahren hatte die jüngste Tochter das Haus verlassen, aber die Leere, unter der viele Elternpaare dann litten, hatten sie nicht empfunden. Sie konnten abendelang bei einem Glas Wein sitzen und sich unterhalten, sie trieben gemeinsam Sport und verreisten oft. Selbstverständlich machte dann und wann auch jeder mal seins, aber sie waren durch und durch glücklich. So zumindest war es Jutta vorgekommen.

Vielleicht hatte sie gehofft, dass Paul sich besinnen würde in der verbleibenden Woche vor der Feier. Oder spätestens auf der Feier selbst. All die Freunde und Bekanntschaften aus ihrem gemeinsamen Leben, die zu erwartenden Reden auf ihre Ehe, das musste ihn doch berühren. Womöglich war er nur verwirrt. Seinem Vorschlag entsprechend war es daher auch Jutta sinnvoll erschienen, erst mal niemandem etwas zu sagen. Wie auch. Wie sollte sie das Unfassbare ihren Freunden beibringen und vor allem: ihren Kindern? Direkt nach ihrem Gespräch packte Paul ein paar Sachen zusammen und zog ins Hotel.

Dann passierte sieben Tage lang gar nichts.

Schließlich, am Abend der Feier, waren es Nuancen in Pauls Körpersprache, die Juttas letzte Hoffnung Lügen straften. Nuancen, viel zu fein, als dass die Gäste sie hätten bemerken können. Sein Blick, der ihrem nicht lange standhielt. Ein nervöses Flattern seines linken Augenlids während der Ansprachen. Sein Arm beim Tanzen, der sie nicht ganz so fest hielt wie sonst. Jutta wollte ihn schlagen, sie wollte schreien, davonlaufen. Doch nichts davon tat sie. Es erschien ihr nicht rechtens, ihre Vereinbarung zu brechen. Ein paar Mal jedoch wurde der Druck zu groß. Dann erbrach sie sich im WC. Ein kleiner Spiegel in der Kabine war der Einzige, der an diesem Abend ihre wahre Verfassung zu sehen bekam.

Nachdem die Autotür hinter Paul ins Schloss gefallen war, hielt Jutta den Atem an. Ein Straßenblock, zwei Straßenblocks – erst jetzt rang sie nach Luft. Der Taxifahrer machte das Radio an, vermutlich hatte er etwas bemerkt. Jutta war ihm dankbar und gab ein viel zu üppiges Trinkgeld, um nicht auf den Wechselbetrag warten zu müssen, als sie vor dem Haus angekommen waren.

Alles wirkte so friedlich. Im Vorgarten zwitscherten die Vögel, die Dämmerung kündigte einen heißen Sonntag an. Irgendwo in der Nachbarschaft bellte ein Hund. Ihr Zuhause war wie immer, und doch ganz anders. Jutta schloss auf. Gerade noch rechtzeitig zog sie die Tür hinter sich zu, ehe ihr fehlender Teil aus seiner stillen Ecke hervorkam und wieder eins mit ihr wurde. An Ort und Stelle sank sie zu Boden, die Tränen strömten ihr übers Gesicht. Paul war weg. Er war weg. Und es tat weh, so weh.

Anderthalb Jahre später wählte Jutta die Nummer der Liebeskümmerer. Sie erwischte mich auf einem Waldspaziergang mit meinen Hunden. Während unseres Gesprächs verlangsamte ich mein Schritttempo und blieb ab und zu stehen, so sehr brachte mich ihr Bericht über den Abend der Silberhochzeit aus der Fassung. Als wir nach einer Stunde auflegten und ich zurück zu meinem Auto kam, war ich tief berührt. Von einer starken Frau. Von einer starken Mutter.

Und von ihrer unglaublich vertrauensvollen Offenheit mir gegenüber.

Paul ist nicht zurückgekommen. Achtzehn Monate später, sagte Jutta mir, könnte sie das zwar noch immer nicht wirklich glauben. Doch sie habe gelernt, irgendwie damit umzugehen. Schlimmer als ihr eigener Schmerz sei inzwischen die Sorge, dass ihre Töchter den Glauben an dauerhafte, ehrliche Beziehungen verlieren könnten. Sie führten lange Gespräche miteinander, erzählte Jutta, aber am Ende sei auch das nur ein Tropfen auf den heißen Stein. »Denn ist das nicht ein Problem, das von Generation zu Generation wächst, Frau Sohn?«, fragte sie mich. Ich habe das Gefühl, es gibt so viele schlechte Vorbilder, dass die jungen Leute von vornherein aufgeben. Dann verfolgen sie Unverbindlichkeit, Coolness, Spaß und Freiheit. Aber der langfristige Preis, scheint mir, ist Einsamkeit. Kinderlosigkeit. Wenn keiner mehr an Vertrauen, Verlässlichkeit und gemeinsame Lebenspläne glaubt, leben wir irgendwann in einer sehr traurigen Welt. Dagegen habe ich mich immer gewehrt, und ich werde es auch weiterhin tun. Nun erst recht.«

Überholspur

Laura, Alter zum Schutz der Anonymität ungenannt

»Richtig unverstanden fühle ich mich, wenn Leute zu mir sagen: ›Mensch, Laura, du bist doch so 'ne tolle Frau! Halb Deutschland kennt dich. Wie viele Männer in dich verliebt sind, will man gar nicht wissen. Liebeskummer hast du doch gar nicht nötig!‹ Ja, schon klar, denk ich dann. Du hast 'ne Ahnung.«

»Tja, wo fang ich an? Vielleicht erst mal vornweg: Mir geht's eigentlich jetzt schon seit sechs Monaten richtig schlecht. Unfassbar lang. Und eine völlig neue Erfahrung. Noch nie im Leben hab ich um Hilfe gebeten oder das Gefühl gehabt, nicht mehr weiter zu können. Jetzt total. Ich meine, ich lieg hier auf dem Holzboden und starre an die Decke. Stundenlang mache ich das. Dabei komm ich mir so erbärmlich vor. Ich weine und weine. Das muss irgendwie raus, glaub ich.

Aber warte, ich versuche mal, besser zu strukturieren. Also. Es geht um einen Mann. Den liebsten und besten. Ich möchte kein einziges schlechtes Wort über ihn verlieren. Außer, dass er sich von mir getrennt hat. Und ich kann nicht mal sagen, dass ich das nicht verstehe.

Wir haben uns vor zwei Jahren kennengelernt. Da lag die

Trennung von meiner Jugendliebe gerade ein paar Monate zurück. Das war auch schmerzhaft, aber ganz anders als jetzt. Wir hatten uns ganz klassisch auseinanderentwickelt und irgendwann beschlossen, getrennte Wege zu gehen. Irgendwie okay für uns beide. Traurig, aber okay. Außerdem war ich im Job voller neuer Eindrücke, denn das war genau die Phase, in der mein Leben gerade verrückt wurde.

Bis dahin hatte ich studiert, volontiert, als Redakteurin gearbeitet, das ganz normale Programm. Doch dann kam die Sache mit der Moderation. Erst nur ein paar Aufträge, dann immer mehr, und plötzlich lief es und ich bekam eine eigene Sendung. Die kam gut an, und ehe du dich versiehst, geben sie dir noch eine. Auf einmal stehst du in der Öffentlichkeit, hast ständig diesen Nervenkitzel, die Leute erkennen dich auf der Straße, und du versuchst, dein Allerbestes zu geben. Für mich ist das ein einziges großes Abenteuer, auch noch heute. Ich liebe meinen Job, ehrlich.

Also, ich war aus der einen Beziehung raus, und dann kam Justus. Unsere erste Begegnung lief sogar über den Sender. Er ist Künstler und war für ein Interview bei mir zu Gast. Er betrat das Studio, und das war einfach so *peng*! Wie mein Gegenstück, das schon immer fehlende Teil. Ich bin ja nicht sonderlich spirituell, aber ich kann es gar nicht anders beschreiben: Das war wie ein Geschenk des Himmels. Wir waren völlig umgehauen, beide.

Ich weiß noch, wie ich nach unserem dritten gemeinsamen Abend morgens vorm Badspiegel stand und mich gefragt hab, wie ein Mensch so viel Glück haben kann. Erst dieser Traumjob und jetzt auch noch den fantastischsten aller Männer an meiner Seite. Ich hätte losheulen können vor Glück! Dass es schwer werden könnte, das alles unter einen Hut zu bringen, der Gedanke kam mir überhaupt nicht. Justus war da, und ich war mir sicher, dass wir für immer zusammengehörten, ich hätte das niemals in Frage gestellt. So, als wär er selbstverständlich. Verrückt, oder? Wie konnte ich das nur einen Augenblick lang denken. Das war eigentlich schon der Anfang vom Ende.

Wir sind relativ schnell zusammengezogen, haben uns aber trotzdem echt selten gesehen. Irgendwann eigentlich fast nur noch nachts. Ich bin von einem Studio zum nächsten und dann noch hier ein Event moderieren, da irgendeine Show. Das nahm gar kein Ende, aber die Angebote wurden halt auch immer besser. Da sagst du nicht einfach Nee, *mache ich nicht, keine Lust, keine Zeit.* Das ist wie der Ritt auf einer Riesenwelle, du nimmst alles mit, es macht einfach Spaß. Und wenn später alle noch bleiben und zusammen was trinken, dann gehst du auch nicht einfach nach Hause. Kannst du auch gar nicht, das gehört ja dazu.

Manchmal ist Justus mit, aber immer hatte er darauf natürlich auch keine Lust. Also, versteh mich nicht falsch, er hat mir das alles gegönnt, da war null Konkurrenz zwischen uns oder so. Aber ich glaub, es war einfach langweilig für ihn. Die wenige Zeit, die wir hatten, wollte er lieber mit mir allein verbringen als unter Fremden. Er hat ja nicht die Moderatorin geliebt oder das, was ich in der Öffentlichkeit darstelle. Er meinte *mich*, Laura. Aber ich war zu blind, um zu bemerken, dass er die kaum noch zu sehen bekam. Ich hab ja nicht mal seine Versuche bemerkt, mir was zu sagen!

Einmal ging es zum Beispiel um Kinder. Wir haben Freunde besucht, die gerade Eltern geworden waren. Auf der Rückfahrt im Auto hab ich gesagt, wie verrückt ich es finde, wie so ein kleiner Wurm mit einem Schlag deine Prioritäten verschiebt. Justus guckte mich an und sagte ganz trocken, er glaube nicht, dass das jemals meine Sorge werden würde. Sekunde, ich krieg den genauen Wortlaut noch hin. *Du willst doch gar keine Familie, Laura, sonst würdest du dir allmählich*

Zeit nehmen dafür. So war's. Ich hab gedacht, er macht Spaß. Weil ich ja wusste, dass er unbedingt Vater werden wollte. Und weil ich *natürlich* auch irgendwann eine Familie wollte mit ihm, bloß noch nicht jetzt, zu diesem Zeitpunkt. In meinem Kopf war das wie so ein Zukunftsprojekt für später, wenn ich im Job alles erreicht hätte. Aber was heißt schon *alles?* Dass dieser Zeitpunkt niemals *einfach so* kommt, sondern dass man darauf auch hinsteuern muss, das war mir nicht bewusst. Kein Wunder. Ich hab mir ja nie die Ruhe genommen, mal darüber nachzudenken.

Und wie oft Justus in den zwei Jahren versucht hat, Urlaub für uns zu planen. Es ging noch nicht mal um zwei Wochen oder so, bloß drei oder vier Tage. Aber noch nicht mal das hab ich auf die Reihe gekriegt! Ich hab's jedes Mal wieder verschoben und am Ende nur noch in Konjunktiven gesprochen. Ans Meer *müsste* man mal wieder. Nach Rom *würde* ich gern mal mit dir. Wir *könnten* ja auch mal nach Afrika fliegen. Bla, bla, bla, aber wirklich *gemacht* hab ich halt gar nichts. Es kam mir einfach so vor, als hätten wir noch ewig Zeit. Aber mit jedem meiner leeren Versprechen ist die Ewigkeit für Justus ein Stück kürzer geworden.

Was mir die Augen geöffnet hat, war die Sache mit dem Safari-Prospekt. Der lag über ein Jahr lang aufgeschlagen auf unserem Couchtisch. Auf meiner Lieblingsseite war ein großes Bild von drei Elefanten. Zwei Elterntiere und ein Junges in der Mitte. Die laufen hintereinander her, und das Kleine hält sich mit dem Rüssel am Schwanz vom Vater fest, während die Mama ihren Rüssel auf den Rücken des Kleinen legt. Manchmal hab ich das Heft in die Hand genommen und zu Justus gesagt: *21 Tage Tansania, irgendwann machen wir das.*

An dem Tag kam ich mal wieder später als gedacht nach Hause, Justus lag schon im Bett. Ich war in der Küche und hab noch 'ne Kleinigkeit gegessen. Danach bin ich zum Mülleimer, und da lag der Prospekt, obenauf. Guckte mich an wie ein Mahnmal. Ich musste weinen. Am nächsten Tag bin ich in die Redaktion und hab alles freigeschaufelt und zumindest schon mal ein verlängertes Wochenende in den Alpen für uns gebucht.

Als wir freitags im Auto saßen, war ich dann richtig euphorisch. Je mehr Kilometer hinter uns lagen, umso deutlicher konnte ich mich spüren, so kam es mir vor. Ich weiß, das klingt unglaublich, aber ich war das überhaupt nicht mehr gewöhnt, mal *nicht* auf dem Präsentierteller zu sitzen, *nicht* gut aussehen zu müssen, mich *nicht* ständig zu konzentrieren. Einfach *nicht* unter Strom zu stehen. Zum ersten Mal seit wirklich langer Zeit war da so was wie Ruhe.

Während wir durch die Berge fuhren, hab ich Justus beim Fahren beobachtet. Er und ich in dieser unglaublich erhabenen Natur, das war perfekt. Ich war so erfüllt von Liebe, das hat mich in dem Moment fast überwältigt. *Heute Abend beim Essen sagst du ihm, dass du jetzt sofort etwas an deinem Leben ändern wirst*, hab ich gedacht und das zu hundert Prozent auch gefühlt. Aber Justus kam mir zuvor. Er ist nur mitgefahren, um sich im Urlaub von mir zu trennen. Er hatte den Glauben an uns verloren. Schon am nächsten Morgen war er auf dem Rückweg in unsere Wohnung, um seine Sachen zu packen, da gab es nichts mehr zu diskutieren. Ich hab mich im Hotelzimmer auf den Boden gelegt und bin bis Dienstag nicht mehr aufgestanden.

Die nächsten zwei Wochen waren für mich eine Nahtoderfahrung, ich kam an meine Grenze. Das erste Mal in meinem Leben hab ich nicht funktioniert. Ich hätte arbeiten müssen, aber es ging nicht. Meine Stimme hat mir nicht gehorcht, meine Gesichtszüge schon gar nicht. Eine deprimierte Moderatorin will kein Mensch hören und sehen. Außerdem hatte ich Angst vor Kommentaren: ›Dir liegen die Männer doch zu Füßen. Nimm dir einfach einen anderen, Laura. Die stehen ja Schlange.‹ Wenn die Leute dich so einschätzen, nehmen sie deinen Schmerz nicht sonderlich ernst. Und was hilft es zu wissen, dass irgendwelche Männer für mich schwärmen? Oberflächlich betrachtet ist das ein Kompliment, klar. Aber die kennen mich ja gar nicht.

In den Sender bin ich erst wieder, als es mir zu Hause vorm Spiegel gelang, mindestens 15 Minuten am Stück normal auszusehen und zu reden. Schwer war's dann trotzdem. Aber ab der zweiten oder dritten Sendung hat die Arbeit mich auch aufgefangen, irgendwie. Das Gute an meinem Job ist ja, dass ich eine Rolle spiele. Ich rutsche da rein, in dem Moment, in dem ich anfange zu moderieren. Dann muss ich mich so konzentrieren, dass für Laura gar kein Platz bleibt, dann ist da nur noch die Moderatorin in mir. So komme ich seitdem halbwegs über die Runden.

Abfinden kann ich mich mit der Situation allerdings nicht. Ich bin voller Schuldgefühle. Manchmal nimmt mir das Wissen, dass ich allein es verbockt hab, richtig den Atem. Ich hab Heulkrämpfe, und die Tatsache, dass ich die Zeit nicht zurückdrehen kann, raubt mir fast den Verstand. Also mache ich das Einzige, was mir bleibt: Ich versuche zu kämpfen.

Morgens, wenn ich aus der Wohnung gehe, lasse ich einen Zettel für Justus liegen, auf dem steht, wann ich zurück bin. Falls er doch noch mal vorbeikommt, möchte ich ihm beweisen, dass er meine Priorität ist. 183 Zettel lang bin ich immer pünktlich zu Hause gewesen, aber er war nie da. Dann hab ich ein Buch gemacht mit Fotos von uns und mit meinen Wünschen und Plänen für eine kleine Familie. Das hab ich ihm geschickt, zurück kam eine E-Mail. Er bedankte sich und schrieb, es täte ihm weh, aber es käme einfach alles zu spät. Danach hab ich angefangen, etwas zu basteln, um ihm zu zeigen, wie bodenständig ich sein kann für ihn. Ein paar Mal gab es Gelegenheiten, in Moderationen kleine Botschaften einzubauen, die nur Justus versteht. Und schreiben tu ich ihm alle paar Wochen. Für mich ist er allgegenwärtig. Nichts hoffe ich mehr, als dass ich irgendwann eine zweite Chance bekomme, ihm zu beweisen, wie sehr ich ihn liebe und wie ernst es mir mit ihm ist. Aber ich muss auch akzeptieren, falls nicht.

Während ich hier so auf dem Dielenboden liege und erzähle, gucke ich übrigens die ganze Zeit auf meinen Sekretär. Da stehen meine Auszeichnungen und Preise. Aber weißt du was? Ich würde sie auf der Stelle alle zurückgeben, käme Justus dafür wieder zurück. Plus das ganze Geld. Gut zu verdienen ist super, gar keine Frage. Aber ich hab nichts davon, wenn es niemanden gibt, mit dem ich mir Träume erfüllen kann.

Als Nächstes stehen Weihnachten und Silvester vor der Tür. Ich hätte arbeiten können oder mit Freunden irgendwo feiern, hab mich aber dagegen entschieden. Ich mache zehn Tage frei, und zwar allein. Es fühlt sich an, als wäre ich Justus das schuldig. Mal ganz bewusst wieder Laura zu sein. *Nur wer eine Ahnung hat, was ihm guttut, kann auch danach streben*, hab ich irgendwann mal gelesen. Was das wirklich bedeutet, verstehe ich glaub ich erst jetzt. Wer immer auf der Überholspur lebt, sieht die guten Abfahrten nicht rechtzeitig. Und ehe man sich versieht, sind sie vorbei. Ich will versuchen, in Zukunft etwas langsamer zu fahren.«

(Telefon-Interview vom Dezember 2012)

Spurlos

Julia, 32 Jahre

Was Julia nachts nicht schlafen ließ, waren die vielen Fragen. Sie *gingen* ihr nicht durch den Kopf, sie marschierten im Stechschritt. Eine nach der anderen. Wie sollte sie ihrer bloß jemals Herr werden. Ohne Antworten? Es gab keine Aussicht auf Besserung. Sie fühlte sich hoffnungslos.

Manchmal stand sie im Dunkeln auf und setzte sich an den Computer, aus Angst, sie habe den Verstand verloren. Sie öffnete den Ordner »Bilder« auf ihrem Desktop, und erst wenn sie die wenigen Fotos sah, die Matthias und sie gemeinsam zeigten (Sommerurlaub am Gardasee, Grillabend auf der Dachterrasse, Weihnachts-Kuss unter dem Mistelzweig), war sie etwas erleichtert. Ja, es hatte ihn wirklich gegeben. Aber das war auch schon alles, was ihr sicher erschien.

Wenn ein Partner den anderen verließ, gab es normalerweise ein Trennungsgespräch. Oder einen Brief, eine E-Mail, schlimmstenfalls eine SMS. Irgendetwas, das besagte »Ich trenne mich von dir« und in der Regel auch, warum. Kein Mensch verschwand einfach von jetzt auf gleich, es sei denn er starb oder wurde entführt. Bis auf Matthias. Der betrat einen Spalt im Erdboden und ließ sich bei bester Gesundheit von ihm verschlucken.

Es war an einem Mittwoch gewesen, und eigentlich hatte

der begonnen wie so viele Tage in den letzten drei Jahren zuvor. Um 7:10 Uhr klingelte der Wecker an Julias Bett, so früh, dass Matthias noch zweimal die *Schlummern*-Taste drückte und sie beide kuscheln konnten. Dann stand Julia als Erste auf und ging unter die Dusche. Während sie anschließend ihre Haare föhnte, scheuchte Matthias sie kurz aus dem Bad, um die Toilette zu benutzen. Danach ließ er sie wieder rein, gab ihr einen Kuss und betrat selbst die Duschkabine. Julia liebte dieses kleine Ritual. Seinen starken, schönen Körper während des Schminkens im Spiegel hinter sich zu beobachten, gab ihr ein Gefühl von Geborgenheit.

Gegen 8:30 Uhr schnappte Julia sich die Autoschlüssel vom Küchentisch, um ins Büro aufzubrechen. Matthias frühstückte gerade Müsli mit Joghurt und Obst. »Schöne Grüße an Körner. Richte ihm aus, wie sehr er mir fehlt«, sagte er mit halbvollem Mund. Julia wartete, bis er runtergeschluckt hatte, und gab ihm lachend einen weiteren Kuss. »Das mache ich, mein Schatz, er wird sich sicher sehr freuen.« Matthias zwinkerte ihr zu. Diese Körner-Geschichte war ein Running Gag zwischen ihnen: Körner war Julias Chef und der Grund, warum Matthias vier Jahre zuvor das Unternehmen verlassen hatte. Das Revier war zu klein für zwei Alphatierchen.

Schon in der Tür stehend, drehte Julia sich noch einmal um. »Ich mach uns dann heute Abend ein Schnitzel vorm Spiel, wann ist noch mal Anpfiff?«, fragte sie ihren Freund. Er wusste es nicht. Wenn es überhaupt einen seltsamen Augenblick gegeben hatte an jenem Morgen, dann war es dieser gewesen. Matthias griff zur Zeitung, die noch unaufgeschlagen neben ihm lag. »Viertel vor neun«, sagte er mit einem Blick ins Fernsehprogramm und: »Ich freu mich.« »Okay, also um acht hier bei mir?« Er nickte.

Immer und immer wieder spielte Julia alles im Kopf durch. Matthias musste gewusst haben, dass sie beide sich zum letzten Mal sahen. Doch abgesehen von der Sache mit dem Fußball fand sie keinen Fehler, nichts, das sie hätte warnen können. Schließlich kam sie zu der Erkenntnis, dass er genauso gut an jedem anderen Tag hätte verschwinden können. Was das über ihre Beziehung aussagte, wagte sie nicht zu denken.

Im Büro war an besagtem Mittwoch eine Menge zu tun. Das letzte Kundengespräch verschob sich von fünf auf sechs Uhr. Körner war mit in dem Termin, es gab keine Chance, ein bisschen auf die Tube zu drücken. Kurz bevor sie den Besprechungsraum betrat, schickte Julia Matthias eine SMS. »Mist, dauert heute alles länger hier. Ich muss dann noch schnell in den Supermarkt. Wenn ich um acht noch nicht da bin, trink schon mal ein Bier für mich mit. Kuss« Matthias' Antwort kam prompt. »Ich schaffe es selbst nicht. Wollte dir auch gerade schreiben. Melde mich später. M« Julia stutzte. Aber weil im selben Moment ihr Kunde um die Ecke bog, blieb ihr keine Zeit zu reagieren.

Es war kurz nach halb acht, als sie durch die Automatiktür trat und in Richtung Parkplatz lief. Unterwegs zog sie ihr Handy aus der Tasche und wählte Matthias' Nummer. Sie ließ es eine Weile klingeln, aber er ging nicht ran. Matthias war selbständig und verband Akquisegespräche gern mit einem Abendessen. Julia war etwas erstaunt, weil er auf das Spiel verzichtete, aber noch nicht irritiert. Sie holte sich eine Pizza bei dem kleinen Bistro in ihrer Straße und legte sich zu Hause aufs Sofa. Wenn er so weit war, würde er sich schon melden.

Sie erwachte durch die veränderte Geräuschkulisse. Der Fernseher lief noch, aber das Spiel war zu Ende. Es war inzwischen Viertel vor elf. Julia blickte auf ihr Handy. Kein Anruf, keine neue Nachricht. *Der Arme*, dachte sie, *bestimmt so ein Schnacker, der Kunde, und Matthias muss höflich sein. Innerlich wird er fluchen.* Während des Zähneputzens musste sie bei der Vorstellung schmunzeln, wie Matthias' Fuß in diesem Augenblick nervös unter irgendeinem Tisch hin und her wippte. Auf dem Weg ins Bett knipste sie noch das Licht im Flur an und vergewisserte sich, dass ihr Wohnungsschlüssel nicht von innen steckte. »Ich leg mich hin, Schatz, freu mich auf dich, bis gleich!«, schrieb sie ihm dann eine letzte SMS, schon in ihre Decke gekuschelt. Bald fielen ihr die Augen zu.

Das Nächste, was Julia wahrnahm, war der Wecker. 7:10 Uhr. Sie lag allein in ihrem Bett. Langsam wurde ihr etwas mulmig zumute. Was, wenn Matthias einen Unfall hatte? Vielleicht hatte der Kunde ihn auch unter den Tisch getrunken und er lag jetzt verkatert in seiner eigenen Wohnung? Oder eine andere Frau ...? Nein, was für ein dummer Gedanke, das schied wirklich aus. Und jetzt sofort wieder bei ihm anzurufen, wäre hysterisch. Zumindest bis acht würde sie warten. Bestimmt gab es irgendeine ganz undramatische Erklärung.

Nachdem sie sich geduscht, geföhnt, geschminkt und angezogen hatte, war es 8:03 Uhr. Sie nahm ihr Telefon und wählte Matthias' Nummer. »Die von Ihnen gewählte Rufnummer ist nicht vergeben«, sagte die nette Frauenstimme am andern Ende der Leitung.

Ein paar Schrecksekunden lang hielt Julia das Telefon starr in der Hand. Dann setzte sie sich verwirrt an den Küchentisch. Ganz ruhig bleiben und nachdenken jetzt. *Die von Ihnen gewählte Rufnummer ist nicht vergeben.* Was konnte das bedeuten? Verwählt hatte sie sich definitiv nicht, Matthias' Nummer war ja gespeichert. Im Worst Case – wenn ihm etwas passiert wäre, das Handy ausgeschaltet, gestohlen oder kaputt – hätte die Ansage lauten müssen *Der von Ihnen gewünschte Teilnehmer ist zurzeit nicht erreichbar.* Das schied also zum Glück schon mal aus. Somit konnte es eigentlich nur ein Problem des Netzbetreibers sein. Möglicherweise hatte Matthias ihre SMS vom Abend auch gar nicht bekommen, beziehungsweise geantwortet ohne zu merken, dass seine Nachricht nicht rausging. So musste es sein, ja. Julias Puls beruhigte sich, sie war erleichtert. Dummerweise fehlte ihr die Zeit, vor der Arbeit kurz bei seiner Wohnung vorbeizufahren. Er machte sich sicher auch schon Gedanken. Andererseits würde ihm das Problem mit dem Handy nach dem Aufstehen ohnehin auffallen. Dann würde er sich über einen Festnetzanschluss von unterwegs bei ihr melden. *Verfluchte Technik*, dachte Julia und ging aus der Wohnung.

Julias Kollegen waren nicht sonderlich gut auf Matthias zu sprechen. Er hatte sich damals trotz seiner großen Verantwortung ziemlich abrupt vom Acker gemacht. Einige Leute hatten sich dadurch sehr im Stich gelassen gefühlt. Wenn Julia im Büro erzählte, dass sie ihn nicht erreichen konnte, würde es nur Witzeleien geben. Außerdem konnte sie sich gut auf die Arbeit konzentrieren, selbst wenn sie mit einem Ohr nach dem Telefon lauschte.

Erst als die anderen nach und nach zum Mittagessen aufbrachen, öffnete sie die Website von Matthias' Mobilfunkanbieter. »Kommst du mit, wir gehen in den Suppenladen«, fragte ihre Auszubildende Flora. »Nein, geht ihr mal ohne mich, ich muss hier noch eben ein wichtiges privates Telefonat führen«, antwortete Julia und nahm demonstrativ ihr Handy in die Hand. »Okay, alles klar«, sagte Flora. Ein paar Minuten später war Julia allein. Ein letztes Mal wählte sie Matthias' Nummer. *Die von Ihnen …* – sie legte auf und rief die Servicenummer des Netzbetreibers an. Wenig später hatte sie eine Frau aus dem Callcenter am Apparat.

»Guten Tag, ich wollte mich mal eben bei Ihnen erkundigen, ob Sie derzeit Netzstörungen im Raum Hamburg haben, auf Ihrer Website kann ich leider nichts dazu finden«, brachte Julia ihr Anliegen vor. Die andere tippte lautstark etwas in ihren Computer. »Hamburg, einen Moment, ich gucke mal eben. Nein, so weit ich das sehe, liegt da nichts vor. Darf ich fragen, warum?« Julia spürte das unangenehme Gefühl vom Morgen wieder in ihrem Bauch. »Ach, ich kann meinen Lebensgefährten nicht erreichen, es kommt so eine komische Ansage«, erklärte sie. »Welche genau?«, wollte die Service-Mitarbeiterin wissen. »*Die von Ihnen gewählte Rufnummer ist nicht vergeben*«, gab Julia die Ansage wieder, »das ist seit heute Morgen so. Gestern ging noch alles.« – »Das ist wirklich seltsam«, sagte die Stimme am anderen Ende. »Haben Sie mal die Nummer und den Namen Ihres Lebensgefährten für mich? Dann gucke ich noch mal genauer.« Julia diktierte ihr beides. Wieder das Tippgeräusch, anschließend einige Sekunden Stille. »Hören Sie«, sagte die Frau schließlich, »ich muss Ihnen leider mitteilen, dass unter dem Namen Ihres Lebensgefährten und unter dieser Rufnummer kein Vertrag bei uns besteht.« Julia stutzte. »Wie? Das ist aber seine Nummer. Hat er gekündigt oder wie?« »Das ist Datenschutz, ich darf Ihnen dazu leider nicht mehr sagen. Aber Sie werden ihn unter dieser Nummer nicht *mehr* erreichen.« – »Hat er vielleicht seine Rechnung nicht bezahlt?« – »Ich kann Ihnen wirklich nichts sagen, es tut mir leid …« – »Ja, okay, danke.« Perplex legte Julia auf. Nun war es vorbei mit der Ruhe.

Schnell ging sie im Kopf die Optionen durch, die sie hatte: Matthias' besten Freund Vincent anzurufen, war eine. Aber die Wahrscheinlichkeit, dass er etwas wusste, war eher gering, er lebte nicht in derselben Stadt. Julia wollte keine Pferde scheu machen. Ein Anruf bei Matthias' Schwester schied aus demselben Grund aus, und die war die einzige Angehörige, die es gab. Ihm eine E-Mail zu schicken, war denkbar. Aber sein Laptop lag mit ziemlicher Sicherheit in ihrem Wohnzimmer, und bis er dort auftauchte, sollte er sich längst von sich aus bei ihr gemeldet haben. Plötzlich erschien es ihr unmöglich, weiter im Büro zu sitzen, während sie nicht wusste, was los war. Kam also nur noch Option drei in Frage: zu Matthias nach Hause fahren. Mit zittrigen Händen schrieb sie ihrer Office-Managerin einen Zettel: *Ich hab einen Notfall in der Familie und muss heute Nachmittag spontan freinehmen. Wenn was Dringendes ist oder Fragen auftauchen, ruft mich an! Morgen bin ich wieder da. LG, Julia*

Um vom Büro aus zu Matthias' Wohnung zu kommen, musste Julia einmal quer durch die Stadt. Einer der Gründe, weshalb sie in den letzten Jahren viel mehr Zeit bei ihr verbracht hatten als bei ihm: In Situationen wie jetzt, wenn sie es eilig hatte, konnte der Verkehr sie an den Rand des Wahnsinns treiben. Ständig bremste jemand abrupt, schlich mit Tempo 30 dahin oder versperrte den Weg. Julia war gestresst und nervös, als sie schließlich in die Straße mit den gepflegten Neubauten einbog. Sie ärgerte sich über sich selbst. Sicher würde es eine ganz einfache Erklärung geben. Und später müssten sie dann zusammen über die ganze Aufregung lachen. Aber warum hatte sie bloß so ein schlechtes Gefühl?

Sie parkte ihren Wagen hinter der Rampe, die zur Tiefgarage von Hausnummer 22 führte. Dann lief sie durch den akkurat bepflanzten Zugangsbereich. Natürlich hatte sie Matthias' Haus- und Wohnungsschlüssel. Aber sie wollte nicht einfach so hereinplatzen. Sie stand vor den Klingelschildern, die Hand bereits zum Drücken gehoben – und hielt inne. Ihre Augen fanden Matthias' Namen nicht. Er stand doch in der obersten Reihe. Nervös ließ sie ihren Blick noch einmal über jedes der zwölf Schilder gleiten. Zehn von ihnen waren beschriftet. Zwei waren leer. Eins ganz oben, eins in der Mitte. Julia stolperte ein paar Schritte rückwärts, vielleicht hatte sie sich vor Aufregung in der Hausnummer vertan. Sie legte den

Kopf in den Nacken und las die Ziffern an der Front des Gebäudes: 22.

Was war hier los? Versteckte Kamera? Ein böser Streich? Instinktiv guckte Julia sich um, als habe Matthias sich hinter einem der Büsche versteckt und würde jeden Moment laut *April, April* rufen, mitten im Mai. Doch nichts passierte. Sie zog ihren Schlüsselbund aus der Tasche, betrat den Flur und fuhr mit dem Fahrstuhl in den vierten Stock. Matthias' Wohnung lag am Ende des Gangs. Wie in Zeitlupe nahm Julia wahr, wie sie die letzten Schritte zur Tür lief. Mit zittrigen Händen schob sie den Schlüssel ins Schloss. Erst nach der zweiten Umdrehung machte es *klack*. Die Tür sprang auf. Julia sackte das Blut in die Beine, als sie sah, was sie dahinter erwartete: Diese Wohnung war leer. Komplett.

Nun war sie Zuschauer und Hauptdarsteller in ein und demselben Film. Sie sah sich selbst dabei zu, wie sie die Wohnungstür wieder verschloss, zu ihrem Wagen ging und losfuhr. Wie sie zu Hause ankam, sich auf den weißen Teppich im Wohnzimmer fallen ließ, wie sie dort lag und an die Decke starrte. Irgendwann begann es draußen zu dämmern, sie hatte Durst. Doch ihre Arme und Beine waren gelähmt. Als sie schließlich in der Lage war aufzustehen, wurde es draußen gerade wieder hell.

Matthias' Laptop war weg. Wie alle seine anderen Dinge, die bei ihr gewesen waren: Klamotten, Laufschuhe, Rasierer, sogar sein Bademantel. Ihren Schlüssel hatte er auf dem Küchentisch abgelegt, ohne irgendeine Nachricht. Julia stellte sich unter die dampfende Dusche. In ihren Ohren fiepte ein Pfeifton. Erst als ihre Haut ganz schrumpelig war, stellte sie das Wasser ab und machte sich fertig. Dann flüchtete sie durch die Wohnungstür aus ihrem persönlichen Horrorfilm, um kurze Zeit später in einer Daily Soap über den Alltag in einem deutschen Büro zu landen. Erst als sie am Abend nach

Hause kam, switchte das Programm erneut um. Vier Wochen lang ging es so, und Julia spielte ihre Rolle dermaßen gut, dass niemand auch nur ahnen konnte, was geschehen war. Fast hätte sie es geschafft, selbst alles zu vergessen.

Am fünften Wochenende nach Matthias' Verschwinden schrak sie nachts aus dem Schlaf hoch. Sie lag auf dem Rücken und hatte stechende Schmerzen im Brustkorb. Sie fühlte sich, als hätte gerade jemand einen zentnerschweren Stein auf sie herabfallen lassen. Mit kurzen, immer schnelleren Atemzügen versuchte sie, genug Luft zu kriegen. Sie glaubte, sie sterbe. In ihrer Not wählte sie die Nummer ihrer Eltern, die in fast 300 Kilometern Entfernung wohnten. Als Julias Mutter die gepresste Stimme ihrer Tochter hörte, handelte sie sofort: Sie rief den Notarzt, schickte ihn zu Julias Adresse und setzte sich ins Auto. Zweieinhalb Stunden später konnte sie ihr Mädchen vor dem Krankenhaus in Empfang nehmen. Es hielt ein Rezept für Valiumtabletten in der Hand.

»Es war eine Panikattacke, körperlich fehlt mir nichts.« Julia sah in die besorgten Augen ihrer Mutter. Sie wusste, das klang wenig beruhigend. Schweigend fuhren die beiden Frauen zu ihrer Wohnung. Wie früher, wenn sie Angst vor der Dunkelheit gehabt hatte, bat sie ihre Mutter darum, sich zu ihr ins Bett zu legen. Nach zwei Valiumtabletten schlief sie tief und lang in den vertrauten Armen. Anschließend fühlte sie sich endlich im Stande, auszusprechen, was passiert war.

Julias Mutter war fassungslos. Sie hatte Matthias nicht besonders gut gekannt, aber immer gemocht. Sie verstand, dass Julia in eine Schockstarre gefallen war. Doch sie fand, diesen Abgang dürfe man keinesfalls auf sich beruhen lassen. Mit Julias Einwilligung rief sie Vincent an, dann Matthias' Schwester und schließlich auch seinen Vermieter. Die ersten beiden wussten noch gar nichts von seinem Verschwinden. Seinem Freund hatte Matthias erzählt, er führe mit Julia drei

Wochen in den Urlaub. Gegenüber seiner Schwester hatte er von einem Projekt in den USA gesprochen. Sie hatte ihm vor ein paar Tagen eine Mail geschickt, sein Nichtantworten aber auf die viele Arbeit geschoben. Einzig Matthias' Vermieter, ein völlig fremder Mensch, hatte im Ansatz Bescheid gewusst. Aufgrund einer fristgerechten Kündigung am Anfang des Jahres.

Einerseits tat es Julia gut, nun Klarheit zu haben: Matthias hatte seinen Ausstieg geplant, sich Vorsprung verschafft. Er war wirklich *weg* und hatte nicht nur sie vor vollendete Tatsachen gestellt. Es war kein Rückzug aus ihrer Beziehung, sondern ein Rückzug aus seinem Leben. Doch mit dieser Erkenntnis kamen die Fragen: WARUM? Hatte er Geldsorgen gehabt? Saß das Finanzamt ihm im Nacken? Ein Kunde? Aber hätte es nicht für all das einen anderen Ausweg gegeben? Vielleicht war er auch schwer krank und wollte niemanden damit belasten? Oder es gab eine zweite Frau, eine zweite Familie? Hatte er jemanden geschwängert? Was hatte er sich gedacht, wie es ihr mit seinem Untertauchen gehen würde? War er unglücklich gewesen mit ihr? Und was war da noch alles, von dem sie nicht wusste? War ihre ganze Beziehung am Ende nur eine einzige Illusion? Und wie sollte es ihr je gelingen, auch nur eine dieser Fragen für sich zu klären?

Die Panikattacken blieben etwa ein Jahr. Sie kamen meist nachts, aber auch tagsüber. Einmal fuhr Julia mit dem Auto an einem Kirmesplatz vorbei, und ihr Blick fiel auf ein gigantisches Riesenrad mit vielen bunten Kabinen. *Wenn mich jetzt jemand zwingen würde, da oben zu sitzen,* schoss es ihr durch den Kopf. Dieser völlig irrationale Gedanke erschien ihr plötzlich unsagbar bedrohlich. Ihre Atmung beschleunigte sich, Angstschweiß stand ihr auf der Stirn. Sie musste rechts ran fahren.

Ihr ganzes Umfeld riet ihr, zu einem Therapeuten zu gehen, einen Trauma-Experten zu konsultieren: ihre Eltern, ihre Freunde, sogar Körner. Und ja, Julia ging es beschissen. Aber sie sah einfach nicht ein, dass *sie* krank sein sollte, weil Matthias ihr und den anderen das antat. *Er* war es, bei dem etwas schieflief, nicht sie. Sie würde das schaffen. Allein. Also bat sie die anderen um Zeit, um Normalität und darum, sie nicht mehr so sorgenvoll anzuschauen. Engagierter denn je stürzte sie sich in ihre Arbeit, denn jede Minute, die sie im trubeligen Büro und nicht alleine in der Ruhe ihrer Wohnung verbrachte, war heilsam.

Der viele Fleiß zahlte sich aus. Anderthalb Jahre nach Matthias' Verschwinden bot Körner ihr die Teamleitung an. Es ging um Verantwortung für fast 30 Mitarbeiter – Matthias' alte Position. »Das traust du mir zu?«, fragte Julia ihren Chef, als sie zum hochoffiziellen Gespräch in dessen Büro saß. Er lachte. »Ja, allerdings! Hast du mitgekriegt, wie du dich entwickelt hast im vergangenen Jahr? Wenn ich mich auf jeden Mitarbeiter so verlassen könnte wie auf dich, hätte mir das so manche Sorgen erspart ...« Die Anspielung war unverhohlen, und irgendwie erfüllte das Angebot Julia mit Stolz. Sie würde in Matthias' Fußstapfen treten und die Dinge besser machen können als er. Zumindest tagsüber, so schien es, war Ordnung in ihr Leben eingekehrt. Und an den Schlafmangel hatte sie sich inzwischen gewöhnt.

Wenn sie nachts wach lag, stand sie inzwischen nicht mehr auf und guckte sich Fotos an. Stattdessen versuchte sie, die Armee in ihrem Kopf davon zu überzeugen, wie sinnlos sie war. *Es gibt keine Antworten, und das ist auch nicht wichtig – mein Leben geht weiter, und das ist es, was zählt.* Mit diesem Satz brachte sie jede Frage zum Schweigen. Das gelang mal besser, mal etwas weniger gut. Schlimmstenfalls knipste Julia das Licht an, öffnete ihren Laptop und surfte zur Ablenkung im Netz. Auf diesem Wege erreichte mich ihre Geschichte.

Als E-Mail, gesendet an einem Donnerstagmorgen um 4:06 Uhr.

»Das ist meine Geschichte«, schrieb Julia am Ende der Nachricht, »auch wenn ich wünschte, sie wäre es nicht. Matthias hat mir anderthalb Jahre meines Lebens die Regie aus den Händen genommen. Jetzt soll der Horrorfilm endlich vorbei sein. Dass ich Euch alles noch mal aufschreibe, könnte für mich auch ein symbolischer Neuanfang sein. Der ist dringend nötig, nicht nur für mich. Seit Matthias weg ist, hat kein Mann mehr neben mir in meinem Bett gelegen. Ich kann mir einfach nicht vorstellen, mich jemals wieder auf einen Unbekannten einzulassen. Aber letzte Woche hat sich eine Jugendliebe bei mir gemeldet. Wir haben uns getroffen, und das war so schön. Er ist Teil meines alten Lebens, war lange vor Matthias da. Ihm kann ich vertrauen, glaube ich. Und wenn ich ehrlich bin, wünsche ich mir sehr, dass aus uns wieder was wird. Ich brauche sicher noch Zeit, aber es tut gut zu wissen, dass ich zumindest nicht komplett abgestumpft bin. Mal schauen. Ich kann ja irgendwann noch mal berichten. Vielleicht fürs nächste Buch? Na, wer weiß. Alles Liebe, Eure Julia«

Marie

Wolfgang, 54 Jahre

Liebe Frau Sohn,

mit Interesse habe ich am Freitagabend Ihren Auftritt in der Talkrunde von Bettina Böttinger verfolgt. Zum einen, weil meine 16-jährige Tochter gerade ihren ersten schlimmen Liebeskummer durchmacht (dazu später mehr) und ich mich als Vater dem ziemlich ohnmächtig gegenübersehe. Zum anderen, weil ich selbst fast zeit meines Lebens unter einer Art Liebeskummer gelitten habe.

Ich habe Ihre Website besucht, um nach Hilfe für meine Tochter zu schauen, und bin darauf gestoßen, dass Sie authentische Erfahrungen für ein Buchprojekt sammeln. Nach einigem Zögern habe ich mir überlegt, dass ich meine Geschichte gern beisteuern würde.

Natürlich weiß ich nicht, ob sie für Sie überhaupt interessant ist. Sie ist nicht sonderlich spektakulär, sondern wohl eher ein abschreckendes Beispiel dafür, wie man nicht mit Liebeskummer umgehen sollte. Aber ich sehe das hier vor allem auch als Gelegenheit für mich, einmal alles »zu Papier« zu bringen. Entsprechend werde ich nicht enttäuscht sein, wenn Sie mich in Ihrer Sammlung später nicht aufführen!

Ich lebe in Berlin, bin 54 Jahre alt und arbeite als Arzt im öffentlichen Dienst. Meine Frau Simone und ich haben zwei Kinder, unsere Tochter ist 16, unser Sohn 14. Wir sind seit 17 Jahren verheiratet. Von außen betrachtet führen wir eine intakte Ehe. Wirtschaftlich geht es uns gut, wir haben ein schönes Haus, Streit gibt es selten. In den ersten Jahren, als unsere Kinder noch klein waren und uns als Paar laufend vor neue Herausforderungen stellten, empfand ich mitunter eine solche Verbundenheit mit meiner Frau, dass ich uns für glücklich hielt. Aber je größer die Kinder wurden, je weniger sie uns als »Team« im Alltag brauchten, umso mehr verflüchtigte sich dieses Gefühl. Schlimmer noch, es machte Platz für die tief in mir verborgene Erkenntnis, dass mir zum wirklich Glücklichsein schon seit Jahren etwas – bzw. jemand – ganz Wesentliches fehlt. Verstehen Sie mich nicht falsch! Ich war immer und bin auch heute noch ein glücklicher, liebender und stolzer Vater. Aber ein glücklicher Ehemann war ich nie. Es fällt mir sehr schwer, das hier schwarz auf weiß zuzugeben, denn ich empfinde großen Respekt für Simone und sie kann rein gar nichts dafür. Im Gegenteil, ich stehe tief in ihrer Schuld und in der meiner Kinder. Das ist auch der Grund dafür, weshalb sich an dieser Situation in den kommenden Jahren nichts ändern wird. Aber Sie werden sich sicher schon wundern, was ich hier rede. Ich sollte beim Anfang meiner Geschichte beginnen.

Es mag etwas altmodisch klingen, aber ich glaube an die große Liebe. An die Liebe, die einem nur ein einziges Mal im Leben begegnet. An eine Begegnung, die alles bis dahin gewesene verändert. Aber wenn man Pech hat, passiert einem das zu spät. Zu spät im Leben oder zu spät in Bezug auf die eine Person, weil sie nicht mehr frei ist. Und dann wird das größte Glück zum größten Unglück. Mir passierte es mit 26 Jahren. Auf der Party eines Kommilitonen in einer schönen Wohnung am Münsteraner Aasee, am Nikolausabend 1985. Ich stand mit ein paar Freunden am Fenster, um eine zu rauchen, und blickte raus auf die Straße, als ich sie kommen sah: Marie. Sie war in Begleitung eines jungen Mannes, es sah nach einer angeregten Diskussion aus. Kurz vor dem Haus blieb Marie abrupt stehen. Vermutlich, um etwas besonders Wichtiges zu sagen. Ich konnte sehen, wie ihre kleinen Nasenflügel sich in der Aufregung wölbten und ihre Augen ganz groß wurden. In diesem flüchtigen Ausdruck lag so viel Leidenschaft, es trieb mir das Adrenalin in die Adern. Als die beiden ein paar Minuten später reinkamen, hatte ich nur eines im Sinn: Ich musste Marie kennenlernen.

Es gelang mir relativ schnell, sie allein abzupassen und in ein Gespräch zu verwickeln. Ich war damals im Umgang mit Frauen ziemlich versiert, um nicht zu sagen routiniert, sie anzusprechen fiel mir nicht schwer. Aber in unserer Unterhaltung entdeckte ich eine völlig neue Seite an mir: Ich war unsicher. So kannte ich mich nicht! Marie musste mir nur einen Moment zu lang in die Augen gucken oder mich anlächeln, um mich völlig aus dem Konzept zu bringen. Heute kann ich gar nicht mehr sagen, über was genau wir gesprochen haben an diesem Abend. Wir hatten uns einfach unglaublich viel zu erzählen. Mit kurzen Aussetzern meinerseits, die Marie zum Kichern brachten. Sie schenkte mir in diesem Gespräch ihre volle Aufmerksamkeit, war ganz bei der Sache, wirkte aber gleichzeitig irgendwie unnahbar. Woran das lag, wurde mir klar, als ihr Begleiter nach einer Weile zu uns stieß und Marie den Arm um den Hals legte. Es sah mehr nach einem Schwitzkasten als nach einer liebevollen Umarmung aus, aber als er fragte, mit wem seine Verlobte sich denn da unterhielte, rammte sich mir eine unsichtbare Faust in den Magen. Maries Blick traf meinen, und obwohl wir uns kaum kannten, war mir klar, dass sie die Situation genauso empfand wie ich.

In dieser Dreierrunde hätte ich der Fremde sein müssen, aber es war ihr Verlobter.

Heute frage ich mich oft, ob ich mich in den darauffolgenden Wochen anders hätte verhalten können, verhalten sollen. Die Entscheidung, die ich als 26-Jähriger getroffen habe, kann ich mit 54 nur noch schwer nachvollziehen. Weil mir die Endlichkeit und vor allem Einmaligkeit meines Lebens inzwischen bewusst geworden ist. Damals dachte ich, das wird schon irgendwann vorbeigehen, eine andere Frau wird kommen, natürlich. Und ja, es kam auch eine – aber sie war eine Freundin, keine Liebe. Die Frage, wie Maries und mein Leben verlaufen wäre, wenn ich in diesem Winter 1985 mehr um sie gekämpft hätte, nimmt mitunter derart Besitz von mir, dass ich sie nur mit dem Gedanken verdrängen kann, dass die Zeit sich nicht zurückdrehen lässt.

Nach dem Nikolausabend traf Marie sich einige Male mit mir. Beim ersten Mal passte ich sie vor ihrer Fakultät ab und wir verbrachten den halben Tag zusammen. Wir machten eigentlich nichts Besonderes, aber trotzdem war jede Minute einzigartig, wenn Sie verstehen, was ich meine. Marie und Christian waren seit Schulzeiten ein Paar, die Hochzeit für den kommenden Sommer geplant. Christian ist Jurist und lebte in diesem Winter noch im Verbindungshaus einer Burschenschaft, was sich mit der Heirat natürlich ändern sollte. Ich erwähne die Burschenschaft nur, um Ihnen einen Eindruck von dem konservativen Umfeld zu geben, in dem diese Beziehung stattfand. Für Marie war es undenkbar, ihre Verlobung aufzulösen. Ihr Elternhaus hatte sie Gradlinigkeit gelehrt, beide Familien kamen aus dem Industriellen-Milieu und waren Jahrzehnte miteinander bekannt. Außerdem war Christian kein schlechter Mann. Wäre er nicht ausgerechnet Maries Verlobter gewesen – ich hätte ihn gemocht, Frau Sohn.

Als Marie und ich uns fast einen Monat lang kannten und die Intimität zwischen uns in jeder Hinsicht zunahm, zog sie die Reißleine. Sie kam an einem Nachmittag unangekündigt zu mir, lehnte sich im Flur meiner kleinen Wohnung an die Wand und sagte mir, dass sie das Christian nicht antun könne. Vor Anspannung zitterte sie am ganzen Körper. Es war fürchterlich, sie so zu sehen und zu wissen, dass ich schuld an ihrem Zustand war. Und es machte mir Angst. Ich fragte mich, ob ich wirklich verantworten konnte, sie vom Gegenteil zu überzeugen. Was, wenn sie mit mir nicht glücklich würde? Ich hätte sie zum Bruch mit Christian und vermutlich auch mit ihrer Familie gebracht, und es war abzusehen, was das für sie bedeuten würde. Mir fehlte der Mut, alles auf eine Karte zu setzen. Stattdessen beschloss ich, mich zurückzuziehen, und glaubte auch noch, das Beste für Marie zu tun. Heute weiß ich, dass das ein Irrtum war. Genau wie ich hoffte auch sie, dass zeitlicher und räumlicher Abstand dazu führen würden, dass das, was zwischen uns war, verblasste. Uns fehlte die Lebenserfahrung, den wirklichen Wert und die Einzigartigkeit dessen zu erkennen, was wir miteinander erlebten.

Damals stand der Beginn meines praktischen Jahres bevor, und so suchte ich kurzfristig nach einem Platz an einer anderen Klinik und ging schließlich nach München. Ich hoffte, mein Schritt würde uns beiden gleichermaßen helfen abzuschließen. Marie und Christian wollten Münster erst anderthalb Jahre später nach Studienabschluss verlassen. In meinem Freundeskreis hielten mich alle für verrückt, nach all den gemeinsamen Jahren so plötzlich meine Zelte abzubrechen. Niemand wusste von Marie und mir! Und auch für mich war ungewiss, was mich in München erwarten würde. Aber ich hielt die räumliche Distanz für die einzige Chance, voneinander loszukommen. Meinen anderen Freunden erzählte ich etwas von meinem Wunsch, vor der anstehenden Facharztausbildung noch mal eine Weile in Alpennähe zu verbringen, zum Wandern und Skifahren. Irgendwie haben sie mir dann geglaubt. (Bis heute konnte ich das nicht aufklären, leider. Ich habe damals wohl einige Leute richtig vor den Kopf gestoßen.)

Ich möchte es nicht so darstellen, als wäre ich die nächsten Jahre total unglücklich gewesen, aber wie ich bereits sagte: Die Begegnung mit Marie hatte alles verändert. Wenn ich ausging und eine Frau kennenlernte, verglich ich die Begegnung mit der, die ich am Nikolausabend '85 gemacht hatte. Plötzlich erschien mir alles profan und wurde schnell langweilig. Natürlich habe ich mich auf kürzere, vor allem körperliche Affären eingelassen. Aber am Ende war ich immer froh, wieder allein zu sein. Ich dachte jeden Tag an Marie, so übertrieben das klingen mag, Frau Sohn. Und das, obwohl wir überhaupt keinen Kontakt mehr hatten. Internet, E-Mail und Handy gab es noch nicht. Alles, was ich über Marie erfuhr, hörte ich von gemeinsamen Bekannten. Ich konnte und wollte nie direkt fragen, aber manchmal drang eben doch eine Information zu mir durch. So erfuhr ich, dass die Hochzeit ein rauschendes Fest gewesen war, gleichwohl die Braut etwas ernst wirkte (ich schwankte zwischen Freude und Trauer), und dass Marie zwei Jahre später das erste Kind und bald darauf das zweite bekommen hatte. Sie lebte mit ihrer Familie in Düsseldorf. Es gab in diesem »ersten Jahrzehnt nach Marie« Momente, in denen ich mir ganz sicher war, dass es ihr ging wie mir und sie ständig an mich dachte und mit der Situation haderte. Aber in schwachen Augenblicken erwischte ich mich bei der Überlegung, sie habe mich vielleicht doch vergessen. Je mehr Zeit verging, umso mehr beugte ich mich der Vernunft. Unterm Strich zählte nur, dass wir keine gemeinsame Zukunft hatten, egal aus welchem Grund – und dass es Dinge gab, auf die ich in meinem Leben nicht verzichten wollte. Und dann traf ich auf Simone, das war 1994 in Berlin.

Mit Simone war alles ganz anders als mit Marie. Sie ist auch Ärztin, wir arbeiteten schon einige Monate zusammen, bevor wir uns das erste Mal privat trafen. Danach ergab sich alles. Simone ist Hamburgerin, sie hat diese kühle, gelassene Ausstrahlung, die für mich damals genau richtig war. Sie gab mir Freiraum, wenn ich ihn brauchte, und erwartete keine emotionalen Ausbrüche, zu denen ich nicht fähig war. Simone war einfach da. Wir hatten ähnliche Interessen, ähnliche Lebensvorstellungen, es sprach rein gar nichts gegen uns, wenn Sie verstehen, was ich meine. So dass ich irgendwann dachte, gut, dann ist das die Form von Partnerschaft, die für dich noch realistisch ist und mit der du dir den Wunsch von Kindern und Familie erfüllen kannst. Also machte ich Simone einen Antrag.

Während ich das alles aufschreibe, fällt mir auf, dass ich sehr egoistisch klingen könnte. Vielleicht war ich das? Aber damals fühlte es sich nicht so an. Ich habe Simone in der festen Überzeugung geheiratet, dass ich ihr ein wirklich guter Ehemann sein konnte. Welche Wendung meine Verbindung zu Marie noch nehmen würde, ahnte ich nicht – ich hätte es niemals zu hoffen gewagt. Aber vielleicht hätte ich weiterdenken müssen. Vielleicht hätte ich mir ganz sicher sein müssen, dass ich meine Gefühle zu Marie im Griff haben würde, selbst wenn sie wieder auftauchte, ehe ich Simone bat, meine Frau zu werden. Ich hielt es nach all den Jahren einfach für ausgeschlossen. Und mein Leben musste doch irgendwie weitergehen!

Die ersten Jahre unserer Ehe verliefen wie gesagt sehr gut. Die Kinder rückten in den Mittelpunkt, sie waren die Brücke für die Liebe, die Simone und mich nicht direkt miteinander verband. Phasenweise erschien es mir, als wären all meine Zweifel unbegründet gewesen. Ich wollte, dass es so war. Ich reduzierte den Kontakt zu meinen alten Münsteraner Freunden auf ein Minimum. Einmal habe ich mich sogar dabei erwischt, wie ich mir einredete, dass Marie vielleicht gar nicht mehr am Leben war. Ich wollte die Sehnsucht zum Schweigen bringen, um meiner Familie die Chance zu geben, die ihr zustand.

Aber am Ende kam alles wieder hoch. Als unser Sohn aus dem Gröbsten raus war, vor etwa fünf Jahren, fing ich plötzlich an, nachts von Marie zu träumen. Eine Weile versuchte ich es zu verdrängen, ignorierte es, aber es hörte nicht mehr auf. Mein Unterbewusstsein bahnte sich hartnäckig seinen Weg an die Oberfläche. Das ging so lang, bis ich auch tagsüber wieder an Marie dachte. Und schließlich mit meiner eigenen »Regel« brach: Ich fing an, aktiv nach Informationen zu suchen, was dank des Internets nun ein Klacks war. Als Erstes fand ich die Webseite von Christians Kanzlei. Düsseldorf, beste Lage, Kö, nichts anderes hatte ich erwartet. Gab ich Maries Namen bei Google ein, kamen keine präzisen Treffer, nur andere Maries und Leute mit demselben Nachnamen. Vermutlich war sie trotz Studiums Hausfrau und Mutter geblieben. Auch diesbezüglich hatte ich nichts anderes erwartet. Erst als ich im Telefonbuch nachsah, wurde ich stutzig. Ein Eintrag in Düsseldorf lautete auf Christian allein. Ein weiterer, mit anderer Straße und Postleitzahl, auf Marie.

Sie können sich vorstellen, wie aufgewühlt ich von diesem Moment an war. Die Vermutung, dass Christian und Marie getrennt waren, lag auf der Hand. Und ich hatte ihre Telefonnummer, schwarz auf weiß. Nach über 20 Jahren erschien es mir bloß viel zu simpel, sie einfach anzurufen. Ich weiß nicht, ob Sie das verstehen können. Meine Liebe zu Marie war für mich ja längst zu so etwas wie einem geheimen Schatz geworden. Ich riskierte, das alles zu zerstören, falls sie irritiert oder – noch schlimmer! – ahnungslos reagieren würde. Davor hatte ich große Angst. Und während ich noch überlegte, welches der beste Weg wäre, Kontakt aufzunehmen, rief Marie mich an. Sie schien sich ihrer Sache um einiges sicherer zu sein.

Sie erreichte mich im Krankenhaus, an einem Dienstagnachmittag. Als meine Sprechstundenhilfe den Anruf zu mir durchstellte und Maries Namen nannte, pochte mein Puls bis in die Ohren. Aber Maries Stimme bahnte sich einen Weg durch das Wummern, sie klang noch genauso wie damals. Es wirkte surreal auf mich, mit ihr zu sprechen. Es war so vertraut, nichts schien zwischen uns zu stehen – außer der verstrichenen Zeit. Wir tauschten keine Erklärungen aus, keine Banalitäten. Die Bedeutung dieses Moments war selbstverständlich, für uns beide.

Schon am Wochenende darauf kam Marie nach Berlin. Wir vereinbarten, uns zum Abendessen zu treffen. Auf dem Weg ins Restaurant war ich so nervös, dass ich mit der Beifahrerseite meines Wagens einen Betonpfeiler rammte. Anstatt mich zu ärgern, fuhr ich weiter und lachte! Diese Fahrigkeit hatte ich zuletzt vor über zwanzig Jahren an mir erlebt!

Nun werden Sie sich fragen, wie das eigentliche Wiedersehen war. Ich muss Sie an dieser Stelle enttäuschen, Frau Sohn, denn um das zu beschreiben, fehlen mir schlichtweg die Worte. Es kam mir vor, als seien die Anziehungskraft und die Verbundenheit zwischen Marie und mir durch unsere Lebenserfahrung noch potenziert worden. Ihr gegenüberzusitzen, sie anzusehen, zu berühren und mit ihr zu reden fühlte sich an, wie nach einer langen Reise endlich nach Hause zu kommen.

Nachdem ihr jüngster Sohn vor einem knappen halben Jahr ausgezogen war, hatte sie sich von Christian getrennt (nicht, dass ich an so etwas glauben würde, aber merkwürdig ist es schon: das war exakt zu jener Zeit, als meine Träume begannen). Marie erzählte mir, wie sie die vielen Jahre erlebt hatte: von der schlimmen Hochzeitsfeier, von den Jahren, in denen die Sorge um ihre Familie ihre Sehnsucht überdeckt hatte, bis sie dann wiederkam. Wie sie immer häufiger an mich gedacht hatte und sich schließlich auf die Suche begab. Es war, als hörte ich mir selbst zu.

Nach diesem Gespräch war klar, dass Marie und ich den Fehler nicht wiederholen wollten, den wir schon einmal begangen hatten. Wir wollten unsere Liebe nun leben. Allein der Gedanke, sie wieder nach Düsseldorf fahren zu lassen, machte mich an jenem Abend wahnsinnig. Aber gleichzeitig wussten wir beide, dass ich Simone und die Kinder nicht würde verlassen können, solang wir als Familie noch unter einem Dach lebten.

Seitdem sehen wir uns einmal im Monat, Marie hat längst ein Stammhotel in Berlin und bleibt immer für einige Tage. Sie drängt mich zu nichts, sie weiß, wie sehr ich sie liebe, und sie sieht die Dinge genauso wie ich. Denn ich betrüge Simone – aber ich fühle mich gar nicht wie ein Betrüger, Frau Sohn! Ich bin nicht losgezogen, um mir eine junge Geliebte zu suchen und Spaß zu haben. Meine Vergangenheit hat mich eingeholt, meine große Liebe, aber vor allem mein Fehler. Ich habe nicht das Recht, jetzt auch noch meine Familie zu zerstören, die an mich glaubt und die mich braucht. Und auch, wenn es paradox klingt: Ich denke, dass es uns bessergeht, seit Marie wieder bei mir ist. Weil ich glücklich bin. Irgendwann, in ein paar Jahren, wenn die Kinder flügge werden, werden auch Simone und ich uns voneinander lösen können. Aber bis dahin werde ich meine Verantwortung tragen.

So, nun kennen Sie meine Geschichte. Und Sie können sich sicher vorstellen, wie schwer es mir vor diesem Hintergrund fällt, den Liebeskummer meiner Tochter als »Kinderei« abzutun. Wann einem der oder die »eine« begegnet, hat man nicht selbst in der Hand. Aber man sollte es besser machen als ich. Lernen auf sein Herz zu hören, im Guten wie im Schlechten. Ihm zu vertrauen. Und dann den Mut haben, die richtigen Konsequenzen zu ziehen. Nur so bleibt einem selbst und anderen viel Schmerz erspart. Vielleicht haben Sie ein paar Tipps für mich, wie ich meine Tochter auf diesem Weg unterstützen kann, Frau Sohn. Ich würde mich sehr freuen, von Ihnen zu hören.

Mit ganz herzlichen Grüßen
Ihr Wolfgang W.

Filmreif

Dagmar, 36 Jahre

Würde man der Statistik glauben, könnte man den Eindruck
gewinnen, dass es an keinem anderen Ort in Deutschland so
viel Liebeskummer gibt wie in Köln. Von nirgendwo sonst
erreichen mich vergleichbar viele Anrufe, E-Mails und Briefe
von Menschen, die mir ihr Herz ausschütten. Als ich diese
Beobachtung mal in einem Gespräch mit einer alten Kölner
Freundin äußerte, fing sie an zu lachen. Das läge nicht daran,
dass es den Leuten in der Domstadt schlechter ginge als an-
derswo, erklärte sie mir. Im Gegenteil. In Köln seien die Menschen einfach offener. »Die lassen's raus, wenn's weh tut!«

An diese Worte meiner Freundin muss ich denken, als ich
mich in einem Café unweit des Rheins mit Dagmar treffe.
Den Termin haben wir am Telefon vereinbart, und nachdem
ich Dagmars rauchige Stimme gehört habe, rechne ich mit
einer Kneipen-Mutti um die 60. Vermutlich eher klein, ein
bisschen rundlich und mit dem Format und der Schnauze,
die man eben braucht, um einen betrunkenen Gast zu später
Stunde allein vor die Tür zu setzen.

Ich traue meinen Augen also kaum, als kurz nachdem ich
das Café betreten habe, eine Frau von ihrem Tisch aufsteht,
die für mich ziemlich genauso aussieht wie die Sängerin Sha-
kira. Höchstens ein paar Jahre älter. Sie ist sehr schlank, hat

eine wilde, blond gesträhnte Mähne und trägt zu einer haut-
engen Jeans High Heels und ein fließendes Seiden-Top.
»Frau Sohn! Hier!«, ruft sie lächelnd und winkt mich zu sich
herüber. Würde ich die Reibeisenstimme nicht gleich wiedererkennen, könnte ich vermuten, dass die echte Dagmar eine
Freundin als Vorhut geschickt hat.

»Also, Sie habe ich mir ja ganz anders vorgestellt, Dagmar!«, gebe ich spontan zu, als wir uns setzen, und sie fängt
laut an zu lachen. Das ist so ansteckend, dass ich automatisch
mitlachen muss und sehe, wie auch die Leute an den Tischen
um uns herum schmunzelnd herüberschauen. »Das höre ich
öfter«, sagt Dagmar leise, beugt sich vor und legt eine Hand
wie zum Schwur auf ihren Brustkorb. »Aber glauben Sie mir,
ich rauche nicht und ich trinke auch nicht jeden Abend Whis-
key. Höchstens zweimal im Monat!« Sie zwinkert mir zu, und
ihre Lebensfreude scheint durch das ganze Café zu sprühen.

Wir bestellen Kaffee und Kuchen, reden ein bisschen
über dies und das und wechseln dabei wie selbstverständlich
ins Du. Erst als die Bedienung irgendwann kommt und unsere leeren Teller mitnimmt, fällt mir auf, dass schon mindestens eine halbe Stunde vergangen sein muss. »Jetzt haben wir
so viel gequatscht, Dagmar, dabei geht's doch eigentlich um
deinen Liebeskummer«, erinnere ich uns beide an den Grund
unseres Treffens. Dagmar schüttelt schmunzelnd den Kopf.
»Ach ja, das hab ich schon fast vergessen!« Dann wird sie das
erste Mal, seit wir hier sitzen, ernst.

Es geht um Viktor, einen Kölner Unternehmer, Anfang 40, erfolgreich, attraktiv. Bewohner einer beeindruckenden Villa im Stadtteil Rodenkirchen, die er aber selten zu
Gesicht bekommt, da er neben seiner Arbeit ein abwechs-
lungsreiches Privatleben pflegt. Eröffnet irgendwo ein neues
Restaurant, feiert ein bekannter Künstler eine Vernissage
oder wird ein Medienpreis verliehen, Viktor ist dabei – wie

Dagmar auch, die nach dem Ende einer langjährigen Beziehung wieder viel mit ihren Freunden unterwegs ist. Es ist also nur eine Frage der Zeit, bis die beiden sich über den Weg laufen.

»Ich erinner mich genau, das war nach einer Filmpremiere. Er hatte eine Hand in der Hosentasche, ein selbstgefälliges Lächeln auf dem Gesicht. Ich stand mit einer Gruppe von Freundinnen zusammen und unterhielt mich, aber der ging dazwischen, als wär das völlig normal. ›Die Damen entschuldigen bitte, wir haben etwas zu besprechen‹, sagte er zu den anderen, legte mir einen Arm um die Schultern und zog mich beiseite. Ich war völlig perplex.«

Der Neugier halber und um seinen Mut zu belohnen trinkt Dagmar mit Viktor ein Glas. Doch schließlich findet sie den Mann mit dem grau melierten Haar und der sonnengebräunten Haut überheblich und uninteressant. Sie lässt ihn ebenso abrupt stehen, wie er sie angesprochen hat.

»Ein paar Tage danach telefonierte ich mit einem guten Freund, der das alles beobachtet hatte. Er kannte Viktor als Geschäftspartner und sagte mir, dass der verlobt sei. Was er denn von mir gewollt hätte. Ich hab nur gesagt: *Ach du, das weiß ich schon gar nicht mehr,* fühlte mich insgeheim aber bestätigt. Verlobt und dann fremde Frauen anquatschen, das sind mir die Liebsten. Damit war die Sache für mich gegessen.«

Nicht so für Viktor.

Als die beiden drei Wochen später im Rahmen eines Restaurantjubiläums wieder aufeinanderstoßen, hat Viktor seine Zukünftige dabei. Dagmar ist erfreut, das zu sehen. Denn die schöne Dunkelhaarige hält sich pausenlos an der Seite ihres Herzblatts auf, so dass der gar keine Möglichkeit hat, fremd zu wildern.

»Davon ging ich zumindest aus«, erklärt mir Dagmar. »Bis er mich an den Damen-WCs mit einem Strauß Rosen abfing.« Ich traue meinen Ohren nicht. »Er hat was?« Dagmar nickt und lacht. »Ja, so ähnlich muss ich auch geguckt haben. Wo er die überhaupt herhatte, so spontan …«

Viktor eröffnet Dagmar, dass er seit ihrer letzten Begegnung unentwegt an sie denken musste. Dass er so sehr gehofft habe, sie heute hier zu sehen. Dass seine Verlobung sich schon länger als Irrtum erwiesen habe und die Beziehung nur offiziell noch nicht aufgelöst sei. Dass es ihm leidtäte, falls er bei ihrem Kennenlernen überheblich und aufdringlich gewirkt habe. In Wahrheit wäre er ganz anders. Das würde er beweisen, wenn sie ihm nur eine zweite Chance gäbe.

»Ich war sprachlos, und das kommt wirklich selten vor. Zum einen wegen seiner Dreistigkeit. Zum anderen, weil mich sein anhaltendes Interesse total irritierte. Männer wie Viktor baggern meiner Erfahrung nach mal hier, mal da und schauen, wo sie schnell und unkompliziert zum Zug kommen. Aber so ein Aufwand?«

Als sie später am Abend nach Hause kommt und den Strauß in eine Vase stellt, ärgert Dagmar sich, dass sie ihn Viktor nicht um die Ohren gehauen hat. Aus Rücksicht auf die Blumen und die anderen Gäste natürlich. Doch was, wenn sie nun doch einen Funken Hoffnung in ihm gesät hatte?

»Das Gemeine ist, dass ich damals ein wirklich überzeugter und glücklicher Single war. Einfach froh, nach dem ganzen Kummer der letzten Beziehung erst mal emotional unabhängig zu sein. Ich wollte zu der Zeit grundsätzlich keinen Mann in meinem Leben. Und wenn, dann auf keinen Fall so einen!!!« Ihre Augen blitzen wütend. »Aber der hat mich dann so richtig schön weichgekocht.«

Während der folgenden drei Monate setzt Viktor auf zufällige Begegnungen mit Dagmar. Er ist jetzt immer ohne seine Verlobte unterwegs und durchläuft einen unübersehbaren Wandel: Das arrogante Lächeln ist aus seinem Gesicht verschwunden. Seine Outfits werden legerer, und selbst die Freunde, die ihn begleiten, wirken sympathischer auf Dagmar – aus der Distanz betrachtet. Ab und zu hält er ihr eine Tür auf oder lässt ihr an der Bar den Vortritt, einmal kommt es zu einem flüchtigen, fast entschuldigenden Lächeln. So subtil ist Viktors Kampf um Dagmars Gunst, dass diese kaum bemerkt, wie sich ihre Meinung nach und nach neutralisiert.

»Irgendwann war ich abends mit meinen Freundinnen unterwegs. Als wir auf die Kneipe zuliefen, in die wir wollten, sah ich Viktor ganz allein auf einer Bank vor der Tür sitzen. Dabei war es schweinekalt, ehrlich! Der starrte auf den Boden und wirkte völlig abwesend. Die Mädels und ich sind rein und haben Drinks bestellt, aber ich war nicht so fit und bin früher wieder los. Und als ich raus auf die Straße kam, saß der tatsächlich noch genauso da wie vorher! In der Kälte, wie ein Stein. Also hab ich ihn gefragt, ob alles okay ist, ich bin ja kein Unmensch …«

Kopfschüttelnd verbirgt sie ihr Gesicht in den Händen. »Kannst dir ja denken, was dann passierte. Der schüttete mir sein Herz aus, aber so richtig. Wegen seiner Verlobten. Er hätte ihr endgültig gesagt, er wolle sich trennen. Sie komme nicht damit klar, die Stimmung zu Hause sei unerträglich. Aber dass er sie ja auch nicht einfach vor die Tür setzen könne, dafür wär er viel zu verantwortungsbewusst. Dann hat er mir breit und lang erklärt, was ihn alles an ihr stören würde, dieses *Schickimickigetue*, ihre Überheblichkeit, so sei er doch gar nicht.« Ich bin erstaunt. »Du bist die ganze Zeit da in der Kälte stehen geblieben und hast dir das angehört? Obwohl's dir nicht so gut ging?« Dagmar winkt ab. »Nee, nee, viel schlimmer. Wir sind irgendwann losgelaufen in Richtung zu mir ...« Nun wundere ich mich erst recht. »Du hast ihn mit zu dir nach Hause genommen?« Dagmar lacht ihr rauchiges Lachen. »Ja, aber nicht, was du jetzt denkst. Hey! Nur bis vor die Tür natürlich. Aber dann wusste er eben, wo ich wohne, wie ich heiße und ...« – »... und du fandst ihn ein ganz kleines bisschen sympathisch?«, vollende ich ihren Satz. Dagmar rollt mit den Augen und nickt. »Hm-hm.«

Von nun an verändert sich der Kontakt zwischen Viktor und Dagmar: Sie begegnen sich nicht mehr, da sich Viktor nirgendwo blicken lässt. Stattdessen erhält Dagmar in regelmäßigen Abständen Post. Mal ist es nur eine Karte mit irgendeinem netten Spruch, mal ein Urlaubsgruß von Mallorca. Er macht ihr Komplimente, berichtet von Geschäftsreisen und kündigt an, sie bald wiedersehen zu wollen, wenn er dürfe. Jedoch erst nach Abschluss der Trennung, versteht sich! »Bitte frag mich nicht, warum ich das alles überhaupt gelesen hab«, sagt Dagmar und seufzt. »Das war so eine Mischung aus Unglauben und Neugier. Außerdem stand nie eine Absenderadresse drauf, es gab keinen Zugzwang, ich musste nicht reagieren. Bis dann der Umschlag mit der Opernkarte kam ...« Ich muss kichern. »Im ersten Moment dachte ich, der spinnt. Romantischer Opernbesuch? *Tosca?* Wir beide? Was für ein Quatsch! Aber je länger die Karte auf meinem Küchentisch lag, umso sympathischer wurde sie mir. Eigentlich konnte ja nicht viel passieren. Wenn's blöd wird, hab ich gedacht, dann gehst du halt wieder. Und wenn er mich einlud, hieß das, er hatte sich inzwischen zumindest von seiner Verlobten getrennt. Insofern konnte ich ihn mir ja guten Gewissens noch mal genauer ansehen.«

Als Dagmar am besagten Abend zur Oper kommt, sieht sie Viktor schon von weitem. Er steht vor dem Gebäude an einem Brunnen, wirkt nervös. Erst als er Dagmar entdeckt, strahlt er erleichtert über das ganze Gesicht. *Was für eine absurde Situation*, denkt sie bei der Begrüßung, *aber irgendwie nett.* Und so bleibt es dann auch.

»Wir haben uns nach der Aufführung an dem Brunnen verabschiedet, wo wir uns vorher getroffen hatten«, fährt Dagmar fort und atmet tief aus. »Aber in den drei Stunden dazwischen hatte sich etwas verändert. Was soll ich um den heißen Brei herumreden. Ich hab mich an dem Abend ein bisschen in Viktor verliebt …« Skeptisch legt sie die Stirn in Falten. »Was ja erst mal kein Grund ist, sich zu schämen«, sage ich tröstend. »Doch, doch!«, schießt es aus ihr heraus. »Sich zu schämen und zu ärgern noch obendrauf! Weil ich schlauer hätte sein müssen.« Ich bin gespannt zu hören, was das wohl bedeutet.

Dagmar und Viktor treffen sich nun immer öfter. Sie unternehmen Tagesausflüge aufs Land, er führt sie zum Essen aus oder besucht sie zu Hause. Die beiden sind fröhlich, verliebt und haben viel Spaß. Nebenbei macht Viktor sich auf die Suche nach einer neuen Wohnung. Nun, nach dem Auszug seiner Ex-Partnerin aus dem gemeinsamen Haus, will er komplett neu starten, so sagt er, und Dagmar bezweifelt das nicht. Denn mit dem Mann von damals hat dieser Viktor nichts mehr gemein.

»Irgendwann war ich abends mal alleine zu Hause, da klingelte mein Handy und der Freund, mit dem ich auch nach meiner allerersten Begegnung mit Viktor gesprochen hatte, war dran.« – »Viktors beruflicher Kontakt?«, überlege ich laut. »Hmm- hmm, genau …« Dagmar nickt, und ihre Augen funkeln.

»Ich spreche ihn nicht so häufig, der ist so ein Typ Freund, der einem nahesteht, auch wenn man sich selten hört. Es ging erst mal um unsere Jobs, seine Reisen und so, bis ich irgendwann erwähnt hab, dass ich frisch verliebt bin. Er hat sich total gefreut und wollte natürlich wissen, wer denn der Glückspilz sei. Als ich dann gesagt hab Viktor, war die schöne Freude allerdings auf einen Schlag so was von weg!« Sie zuckt mit den Schultern und wirft einen Blick an die Zimmerdecke. »Eine Affäre mit einem fast verheirateten Mann, ob das mein Ernst wär, wollte er wissen. Ich war natürlich geschockt, dass er mir so was überhaupt zutraut, und hab ihm erklärt, dass die Verlobung seit einigen Wochen aufgelöst sei. Den Satz, der dann kam, werd ich glaub ich mein Leben lang nicht vergessen: *Das kann nicht sein, Schatz, ich bin in vierzehn Tagen zu seiner Hochzeit eingeladen.*« Ich lege reflexartig meine Hand auf Dagmars Schulter: »O nein.« »Das kannst du laut sagen.« Tapfer lächelt sie mich an.

Es stellt sich heraus, dass Viktor und seine Verlobte eine Hochzeit mit fast zweihundert Gästen planen. Allerdings nicht in Köln, sondern auf Mallorca: in ihrer jüngst erworbenen Finca. Die Braut kümmert sich vor Ort schon seit drei Monaten um die Vorbereitung des Fests, Viktor besucht sie regelmäßig. Parallel löst er die Kölner Villa auf und sucht eine kleinere Wohnung in der Stadt, denn künftig soll die Insel Hauptwohnsitz sein.

»Tja, was macht man, wenn man so eine Nachricht bekommt?«, fragt Dagmar mich, spricht zum Glück aber gleich weiter. »Ich weiß nicht, wie es dir geht, aber ich dachte sofort an Rache.« Das klingt aus ihrem Mund wie die folgerichtigste Sache der Welt. »Ich meine, grundsätzlich halt ich davon natürlich nichts. Aber es war ja klar, der Typ hat mich von vorn bis hinten veralbert. Und das Schlimmste: Der hat mutwillig in Kauf genommen, dass ich am Ende Liebeskummer hab! Wie brutal kann man denn sein? Den Gefallen hab ich ihm nicht getan, keine Sekunde. Aber ich fand, allein der Versuch gehörte bestraft.«

Ich sage erst mal gar nichts mehr, so geplättet bin ich wegen der plötzlichen Wendung. Dagmar greift zu ihrer Handtasche und zieht eine Digitalkamera hervor. Sie schaltet sie ein, zeigt mir das Display aber nicht gleich. »Ich muss dazu sagen, dass ich kein Mensch bin, der sich in fremde Partnerschaften einmischt. Natürlich wär es auch eine Möglichkeit gewesen, Viktors Verlobter reinen Wein einzuschenken. Aber zum einen bist am Ende fast immer du selbst der Trottel, wenn du so was machst. Und zum anderen kann es ja sein, dass sie trotzdem glücklich mit ihm wird, wer weiß es denn. Mir ging es nicht darum, eine Beziehung zu zerstören. Ich wollte diesem A… einen ordentlichen Warnschuss verpassen und ihm zeigen, dass es auch Frauen gibt, die sich wehren!« Ihr Blick schweift ab, auf den kleinen Bildschirm. Sie muss lachen. »Plus mir selbst ein kleines bisschen Schadenfreude gönnen, das muss ich schon zugeben.« Sie dreht die Kamera um.

Ich sehe die Figur eines goldenen Mannes. Kerzengerade steht er auf einer schwarzen Filmrolle und stemmt ein Schwert vor sich in den Boden. Breite Schultern, schmale Hüften, eine makellose Silhouette. Es ist Oscar. Der wichtigste Filmpreis der Welt. Doch dieser hier trägt eine ganz besondere Gravur: »*Viktor. Für herausragende schauspielerische Leistungen 2011*«, signiert »*Dagmar S.*«.

Als unsere Blicke sich treffen, bin diesmal ich es, die am lautesten lacht. »Das hast du nicht wirklich gemacht!« Dagmar nickt heftig. »Doch. Ich hab dem Blödmann einen Oscar geschickt! Also, um genau zu sein, seiner Verlobten auf Mallorca. Per Kurier und in Cellophan, damit sie ihn besser erkennt. Viktor war ja in der Woche vor der Hochzeit noch hier in Köln, da blieb ihr genug Zeit, sich das Teil anzugucken und über seine Bedeutung zu spekulieren.«

»Oje, die Arme. Was ist dann passiert?«, will ich sofort wissen und rechne schon mit dem Schlimmsten. Dagmar schaltet die Kamera aus. »Ganz genau kann ich dir das nicht sagen«, setzt sie an, »Viktors und meine nächste Verabredung kam jedenfalls nicht mehr zustande. Stattdessen wüste Beschimpfungen auf meinem Handy, ich hab aber auf nichts reagiert. Der Gute wird ganz schön in Erklärungsnot geraten sein. Aber dass er genug Fantasie hat, um sich da rauszureden, war mir klar, sonst hätt ich das auch nicht gemacht. So hab ich ihm hoffentlich eine kleine Lektion erteilt und bin ihn selbst auf Lebzeiten los.« »Die Hochzeit hat also stattgefunden?« Noch einmal erklingt Dagmars rauchige Lache. »Ja klar, mein Freund war wirklich da. Aber den Oscar hat er nirgends gesehen … Komisch, findest du nicht?«

Herzmissbrauch

Philipp, 32 Jahre

Als ich am Ende des Gesprächs mit Philipp auflege, ist mir nach Heulen zumute. »Hast du jemals professionelle Hilfe in Anspruch genommen, Philipp?«, hatte ich ihn gefragt, nachdem wir fast zwei Stunden gesprochen hatten. »Nein«, antwortete er leise. »Erst habe ich mich irgendwie geschämt. Und jetzt kann ich mir nicht vorstellen, dass das noch was bringt …«

Es war eine Winternacht im Jahr 2009, die Temperaturen lagen knapp unter dem Gefrierpunkt, als Philipp davon wach wurde, dass jemand an seiner Schulter rüttelte. Entfernt nahm er eine Stimme wahr. »Hallo? Können Sie mich hören?« Ja, das kann ich, dachte Philipp und wollte die Augen öffnen. Aber seine Lider gehorchten ihm nicht. Müde, er war viel zu müde. Eine Hand berührte sein Gesicht, es tauchten weitere Stimmen auf. »Ist er bei Bewusstsein?«, fragte jemand. »Nein«, antwortete ein anderer. »Gib mir die Decke und dann schnell in den Wagen mit ihm.« Decke, Wagen, Wärme. Ja, das klang gut …

Das Nächste, was Philipp wahrnahm, waren Schmerzen. Sein Oberkörper tat weh. Die Arme, der Rücken, auch die

Hüftgegend – jetzt konnte er die Augen öffnen. Sein Blick fiel auf das Fußende eines ihm unbekannten Bettes. Eine weiße Platte, Metall. Dann eine weiße Decke, die über seinem Körper lag. Was war hier los? Wo war er? Benommen suchte Philipp nach dem ersten Puzzle-Stück einer Erinnerung. »Herr Brandner, können Sie mich hören? Wie fühlen Sie sich?« Eine Frauenstimme, rechts von ihm. Philipp wandte den Kopf ein Stück zur Seite und spürte plötzlich rasende Übelkeit in sich aufsteigen. »Mir ist schlecht«, stöhnte er, und die Krankenschwester hielt ihm gerade noch rechtzeitig eine Nierenschale hin, ehe er sich heftig übergab.

»Es hatte alles ganz harmlos angefangen«, erzählt Philipp mir. »Ich war in diesem Club in Frankfurt, an einem Samstagabend. Damals ging ich öfter da hin, auch allein. Man lernte schnell jemanden kennen.« Er atmet tief aus. »Ich hatte schon ein bisschen was getrunken, die Musik war super, und ich stand an der Bar, als drei Typen reinkamen. Die fielen mir sofort auf. Ich hatte sie in dem Laden noch nie gesehen. Besonders einer von ihnen war genau mein Geschmack. Groß, sehr schlank, dunkle Haare, Drei-Tage-Bart. Unsere Blicke trafen sich sofort. Als die anderen zwei nach ein paar Minuten auf die Tanzfläche gingen, kam er zu mir und sagte: *Komm, feier mit uns.* Nahm meine Hand und zog mich hinter sich her.« »Hoppla, ganz schön offensiv!«, wundere ich mich. »Ja, schon. Unter Männern geht's direkter zur Sache, aber das war auch für meine Verhältnisse schnell. War mir in dem Moment aber nur recht. Heute denke ich, dass die den Raum beim Reinkommen gescannt und sofort entschieden haben, wer ihnen gefällt. Das war so geplant.« Einige Sekunden ist Stille, ehe Philipp weiterspricht. »Wir haben getanzt, direkt neben seinen Freunden. Er bewegte sich wahnsinnig sexy, und ich habe mitgemacht, als einer der anderen plötzlich mit vier Gläsern Gin Tonic dastand. Ich nahm eins, wir stießen an und lachten. Dann weiß ich noch, dass ich kurz darauf zurück an die Bar wollte, um mich zu setzen, weil mir schwindelig wurde. Aber ab da fehlt mir jede Erinnerung.«

»Eine Passantin hat Sie gegen halb sieben heute Morgen gefunden, Sie lagen auf einem U-Bahn-Lüftungsschacht. Ohne Jacke und mit geöffneter Hose.« Der Arzt sah Philipp ernst an. »Am Oberkörper und an den Armen haben Sie eine Vielzahl von Hämatomen, am schlimmsten sind aber Ihre Verletzungen im Anal- und Rektalbereich. Können Sie mir sagen, was passiert ist, Herr Brandner?« Philipps Herz begann zu rasen. Ihm wurde wieder übel. *NEIN, BITTE, DAS DARF NICHT WAHR SEIN.* Er schüttelte langsam den Kopf. »Ich war in einem Club und habe mit drei Typen getanzt. Mir wurde schwindelig. Aber dann … ich weiß es nicht …« Tränen schossen ihm in die Augen. Der Arzt nickte. »Haben Sie vorher etwas getrunken mit diesen Männern?« Philipp konzentrierte sich. »Ja, ich glaube. Einer von ihnen hat was ausgegeben.« Der Arzt seufzte. »Das haben wir befürchtet. Ihr Blut wird momentan untersucht. Wir denken, dass man Ihnen K.-o.-Tropfen gegeben und sie dann missbraucht hat, Herr Brandner.«

Natürlich hatte auch ich schon von Vergewaltigungen unter dem Einfluss von K.-o.-Tropfen gehört. Aber obwohl klar ist, dass so etwas auch in der schwulen Szene passieren kann, hatte ich es bisher nur mit weiblichen Opfern in Verbindung gebracht. »Wurde der Täter gefasst?«, frage ich fassungslos. »*Die* Täter«, korrigiert Philipp mich. »Wegen meiner vielen Verletzungen vermutete der Arzt, dass alle drei mitgemacht haben.« Er hustet. »Er fragte mich, ob ich eine Untersuchung machen lassen möchte, um Klarheit zu bekommen. Und um DNA zu sammeln für den Fall, dass ich Anzeige erstatten würde.« Mir läuft ein Schauer über den Rücken. »Ich habe mich so geekelt«, fährt Philipp fort. »Ich lag da noch ungewaschen …« »Und, hast du eingewilligt?« Er spricht jetzt sehr langsam. »Ja, das habe ich. Und der Arzt hat recht behalten. Sie haben Spermien von drei verschiedenen Männern gefunden. Aber Anzeige erstattet habe ich trotzdem erst drei Monate später. Ich weiß, dass das schwer nachvollziehbar ist, aber wenn du in der Situation steckst, willst du nicht vor einem Polizisten sitzen und beschreiben, wie du erniedrigt wurdest. Ich wollte einfach nicht mehr dran denken.« Ich verstehe ihn gut. »Aber wieso hast du drei Monate später deine Meinung geändert und bist doch zur Polizei gegangen?«

Philipp ging ins Krankenhaus, das zweite Mal seit diesem Abend vor drei Monaten. Sein Magen fühlte sich flau an, die Hände schwitzig. Sofort nach der Vergewaltigung hatte er auf Anraten des Arztes einen HIV-Test gemacht. Das Ergebnis war negativ ausgefallen, und vor einigen Tagen war er zum Kontrolltest gegangen – zwölf Wochen brauchte das Virus, um die im Blut nachweisbaren Antikörper hervorzurufen. Wäre Philipp jetzt positiv, hätte einer der Täter ihn infiziert. An jenem Sonntag, als er im Krankenhaus erwachte, hatte er sich gegen eine Postexpositionsprophylaxe entschieden, mit der das Virus daran gehindert werden kann, sich im Körper einzunisten. Die Vergewaltigung erschien ihm wie ein böser

Alptraum, aus dem er schnell erwachen und den er vergessen wollte – anstatt vier Wochen lang täglich Medikamente zu nehmen, Nebenwirkungen zu ertragen und vor allem: permanent erinnert zu werden. Er war sich sicher, das nicht aushalten zu können.

Der behandelnde Arzt erwartete ihn schon. Er begrüßte ihn auf dem Gang aber nur förmlich und führte ihn dann direkt in ein separates Sprechzimmer. Das konnte kein gutes Zeichen sein. Nachdem sie sich gesetzt hatten, schaute der Mediziner Philipp ernst an. »Ich habe leider keine guten Nachrichten für Sie, Herr Brandner. Sie wurden mit dem HI-Virus angesteckt.«

»Was für ein Horror«, spreche ich meine Gedanken laut aus. Philipp hat das alles sehr gefasst erzählt, aber immer deutlicher nehme ich die Verletzlichkeit wahr, die in seiner Stimme liegt. »Mein Körper war mir von diesem Moment an lange Zeit völlig fremd«, sagt er. »Ich hatte etwas in mir, was da nicht hingehörte, verstehst du? Selbst wenn mein Kopf das theoretisch alles irgendwann vergessen könnte, die Typen haben etwas in mir zurückgelassen, das ich nie wieder loswerde. Wie ein Brandzeichen, das mich jeden Tag daran erinnert, wie sie mich erniedrigt haben. Ein tödliches Brandzeichen.« Er räuspert sich. »Ich weiß, dass viele Leute denken, HIV treffe die meisten Schwulen eh früher oder später, schließlich würden wir alle fröhlich und ungeschützt durch die Gegend vögeln. Aber ich habe dieses Thema immer sehr ernst genommen, und Sex ohne Verhütung hatte ich nur in Partnerschaften, wenn ich mir ganz sicher war.« Ich versuche mir vorzustellen, was für einen unglaublichen Hass Philipp auf die Täter empfinden muss. »Hat die Polizei sie gekriegt?«, frage ich. »Mm-mm. Obwohl die Phantombilder okay waren und es die Untersuchungsergebnisse gab. Die haben sich sonst wohl noch nie was zuschulden kommen lassen. Nur, wenn einer von denen irgendwann mal in einem anderen Zusammenhang einen Gen-Test macht, besteht die Chance, sie zu erwischen. Vielleicht wussten die nicht mal, dass einer oder mehrere von ihnen HIV-positiv sind.« Ich glaube, an Phillips Stelle würde ich ausrasten. Aber er klingt jetzt fast ein bisschen gleichgültig: »Weißt du, für mich macht es keinen Unterschied mehr, ob sie bestraft werden oder nicht. Davon werde ich auch nicht wieder gesund. Es wäre, als müsste ich diesen Alptraum wieder durchleben, wenn alles noch mal aufgerollt würde. Inzwischen ist für mich entscheidend, wie ich im Hier und Jetzt zurechtkomme.« Ja, das überzeugt mich. »Und, wie geht es dir? Wie kommst du zurecht?« »Was meine körperliche Gesundheit angeht, ist alles okay«, sagt Philipp. »Aber emotional macht mich das Virus krank.«

Nach der Diagnose zog Philipp sich ein gutes Jahr lang sehr zurück. Er ging arbeiten, machte Sport, aber seine Abende und Wochenenden verbrachte er größtenteils allein zu Hause. Unter fremde Menschen zu gehen machte ihm Angst, und er brauchte Zeit, um sich an das veränderte Lebensgefühl zu gewöhnen. Erst als ein paar Freunde ihn an seinem 30. Geburtstag ermunterten, sein längst gelöschtes Profil in der Gay-Community Gayromeo.com zu reaktivieren, konnte er sich langsam wieder vorstellen, andere Männer kennenzulernen.

Aber dann lief es immer auf das Gleiche heraus. Philipp kam mit jemandem mit dem Status »Suche Beziehung« in Kontakt, verzichtete auf lange Chats und schlug stattdessen bald ein echtes Date vor. Man traf sich, verbrachte etwas Zeit miteinander, und Philipp spürte fast immer, wie gut er ankam – bis zu dem Moment, in dem er seine HIV-Infektion gestand. Manche sagten es geradeaus: »Du, tut mir leid, Safer Sex kommt für mich nur mal als Ausnahme in Frage, und dann passt das auf Dauer ja nicht.« Andere taten vordergründig unbeeindruckt und verständnisvoll, waren nach dem Treffen aber plötzlich nicht mehr erreichbar und meldeten sich auch nie wieder. Ein paar Mal traf er auf ebenfalls Infizierte und hatte One-Night-Stands. Aber das war heute noch viel weniger als vor der Erkrankung, was Philipp suchte. Er glaubte an die Liebe, deshalb sagte er auch nie *vor* einem Date, dass er positiv war. In der Hoffnung, dass es irgendwann einfach passen und alles andere dann nebensächlich sein würde.

Doch je mehr Ablehnung und Skepsis Philipp im Laufe der Zeit zu spüren bekam, umso entmutigter und einsamer fühlte er sich. Natürlich konnte er die anderen verstehen – vor seiner Infektion hätte er die gleichen Vorbehalte gehabt. Aber das zu wissen, änderte nichts daran, dass er sich jetzt völlig isoliert fühlte. Philipp war drauf und dran, sich endgültig bei Gayromeo abzumelden, als ihn die Nachricht eines jungen Mannes namens Jasper erreichte: »Hey, Du hast es wahrscheinlich schon gemerkt – ich komme seit drei Tagen nicht von Deinen Fotos los. Eigentlich liegst Du über meiner Altersgrenze, wenn ich das mal so offen sagen darf. Aber wenn es Dich nicht stört, würde ich Dich trotzdem gern kennenlernen. Hast Du Lust? Jasper«

»So lang wie bei Jasper habe ich vorher nie gebraucht, um jemandem die Wahrheit zu erzählen.« Philipp seufzt. »Wir haben uns zum Essen getroffen und die ganze Nacht durchgequatscht, es war alles so unbeschwert. Jasper ist fünf Jahre jünger als ich, aber intellektuell total reif. Morgens um acht standen wir nach einem ewig langen Spaziergang durch Wiesbaden auf dem Neroberg, und ich hatte immer noch nichts gesagt. Da gibt es einen kleinen alten Tempel, man hat einen wunderschönen Blick über die Stadt. Es war sehr romantisch, Jasper wurde richtig übermütig, aber mir war kotzübel. Kennst du das, wenn man jemandem etwas sagen muss, aber eine Riesenangst davor hat? Ich hab immer wieder neu angesetzt und gedacht *Jetzt sagst du's ihm*, aber bis ich es dann wirklich über die Lippen brachte, verging mindestens noch mal eine Stunde.« Ich kann mir die Situation lebhaft vorstellen! »Und, wie hat er reagiert?« »Er war erschrocken, ganz klar. Ziemlich sogar. Aber mehr über die Art und Weise, wie ich mich infiziert hatte, als über die Tatsache an sich. Dazu meinte er nur, dass das für ihn kein Grund wäre, mich nicht weiter kennenzulernen. Unsicher war ich mir trotzdem. Wie oft hatten Typen so was gesagt und waren danach einfach verschollen.« Philipp lacht. »Sechs Wochen später sind wir zusammengezogen.« Ich freue mich total, das zu hören, und wünschte, die Geschichte könnte an dieser Stelle vorüber sein. Happy End! Aber ich ahne schon, dass das wohl nichts wird.

»Ihre Blutwerte sind sehr, sehr gut, Herr Brandner«, sagte Philipps Hausarzt nach einer Routine-Kontrolle zu ihm. »Sie haben kaum freie Viren im Blut, die Infektion ist momentan fast gar nicht nachweisbar. Ihrem Immunsystem geht es hervorragend!« Jasper, der mit im Sprechzimmer saß, drückte Philipps Hand und strahlte. »Das wundert mich nicht«, lachte Philipp. »Mir geht es ja auch super. Da kann mein Immunsystem ruhig mitziehen!« Er warf seinem

Freund einen verliebten Blick zu. Seit zehn Monaten waren sie nun ein Paar.

♥ ♥ ♥

»Ich war so unfassbar glücklich«, erinnert sich Philipp. »Bis Jasper sich veränderte. Es sind ja meist Kleinigkeiten, an denen du merkst, dass dein Partner unzufrieden wird. Er bleibt länger bei der Arbeit als früher, sitzt ständig vor dem Computer, ist schnell reizbar. Natürlich habe ich befürchtet, dass das irgendwann passiert. Also, dass Jasper nicht mehr *ausreichen* würde, was körperlich zwischen uns möglich war.« Er klingt traurig. »Wir mussten immer verhüten und noch zusätzlich vorsichtig sein. Ich kam damit zurecht, mir blieb ja auch nichts anderes übrig. Aber als ich in Philipps Alter war, hatte ich auch noch ganz andere Bedürfnisse, mich auszuleben. In diesem Punkt machen sich die fünf Jahre zwischen uns dann eben doch bemerkbar.« Philipp atmet tief aus. »Eine ganze Zeitlang hab ich verdrängt, dass was nicht stimmte. Aber irgendwann häuften sich die Anzeichen dermaßen, dass ich sie nicht mehr ignorieren konnte. Heute denke ich, ich hab daraufhin total falsch reagiert. Anstatt offen mit Jasper zu sprechen, hab ich gewartet, bis ich einen Beweis dafür hatte, dass er andere Typen traf. Und dann gab's den Riesenknall. Er fühlte sich kontrolliert und beschimpfte mich als Schnüffler, vor dem seine Privatsphäre nicht mehr sicher wäre. Eigentlich wusste er, dass ich im Recht war, das weiß ich. Aber das Vertrauen zwischen uns war dahin, auf beiden Seiten. Jasper ist ausgezogen.« Jetzt fängt Philipp an zu weinen. »Ich wünschte mir so, ich wäre von vornherein anders an die Sache herangegangen. Ich hätte ihm sofort zeigen müssen, dass ich Verständnis für ihn hatte. Dass es okay war, wenn er mit anderen schlief, weil uns viel mehr als das verband. Aber ich hab in meiner Verletztheit aus dem Blick verloren, dass ich kein vollwertiger Partner mehr bin, seit ich HIV habe. Ich muss das verdammt noch mal akzeptieren! Stattdessen hab ich mich aufgeführt, als gäbe es dieses beschissene Virus nicht. Unsere anderthalb Jahre waren so schön, und ich fühlte mich so gesund, ich wollte das nicht verlieren ... Und damit habe ich erst recht alles kaputtgemacht.« Wie gern würde ich Philipp jetzt in den Arm nehmen.« Er schluchzt leise, und ich warte, bis er sich wieder gefangen hat, ehe ich spreche. »Ich finde deine Reaktion vollkommen verständlich, Philipp, wirklich. Wie lang ist das jetzt her?« Er schnäuzt sich. »Sechs Monate. Die ersten zwei waren unglaublich beschissen, ich hab alles schleifen lassen. Bis meine Blutwerte wieder so schlecht waren, dass mein Arzt mir einen Warnschuss verpasst hat. Seitdem schaffe ich es, auf meinen Körper aufzupassen, den rafft das Virus nicht so schnell dahin. Aber zwischenmenschlich habe ich überhaupt keine Ahnung, wie es weitergehen soll. Ich liebe Jasper, und ich bin mir sicher, dass er das Gleiche für mich fühlt. Trotzdem werde ich ihm nie all das geben können, was er braucht, um glücklich zu sein. Ich fühle mich so ohnmächtig.« Es tut mir weh zu hören, wie Philipp leidet.

»Hast du jemals professionelle Hilfe in Anspruch genommen?«, frage ich ihn. »Nein«, antwortet er leise. »Erst habe ich mich irgendwie geschämt. Und jetzt kann ich mir nicht mehr vorstellen, dass das noch was bringt ...« »Würdest du es ausprobieren, wenn ich dir dabei helfen würde, jemanden in deiner Nähe zu finden? Ich glaube, das Wichtigste ist, dass du das Vertrauen in dich selbst zurückgewinnst. Du bist doch kein minderwertiger Partner, nur weil du HIV hast. Und du musst dich auch nicht schämen! Im Gegenteil, ich höre einem wunderbaren Menschen zu. Seit zwei Stunden sprichst du ganz offen und reflektiert mit mir über deine Gefühle. Das ist etwas Besonderes, Philipp. Und ich bin mir

sicher, dass dir jemand dabei helfen kann, neue Pläne zu ent-
wickeln.« Während ich spreche, hat er wieder zu weinen
begonnen. Er klingt zerbrechlich, aber überzeugt, als er mir
antwortet. »Ja, das kann ich mir vorstellen. Das tut gut, was
du sagst. So gut.« Ich bin sehr erleichtert. »Okay, dann spreche ich gleich mit einer Kollegin und melde mich wieder bei
dir.« Er schnauft. »Okay. Danke.« *So gern*, denke ich, *deine
Geschichte wird viele Menschen berühren und ihnen einen anderen Blick auf HIV-positive Männer und Frauen ermöglichen.
Dafür bin ich dir dankbar.*

Zwei Wochen nach unserem Gespräch hat Philipp begonnen, mit einer Kollegin in Frankfurt seine fürchterlichen Er-
lebnisse aufzuarbeiten. Ich bin gespannt, ob er und Jasper
zusammen einen guten, neuen Weg gehen können, wenn
Philipp wieder fest auf seinen beiden Beinen steht.

... und was ist Ihr Tipp gegen Liebeskummer?

»Bei mir hilft nur ein konsequenter Abbruch des Kontaktes. Dann lenke ich mich mit Hilfe von Freunden ab, bis die schlimmste Zeit überstanden ist.«

Natascha, 44 Jahre

»Ich nehme Liebeskummer inzwischen so wie schlechtes Wetter: Das kann man auch nicht ändern!«

Dieter, 62 Jahre

»Die Wut rauslassen: Gegenstände auf den Boden schmeißen, in Kissen schlagen, irgendwo gegentreten. Man muss nur aufpassen, dass dabei nicht allzu viel kaputtgeht ...«

Franziska, 34 Jahre

»Lassen Sie sich nie auf einen verheirateten Mann ein! Erst finden sie alles toll, und dann ziehen sie doch den Schwanz ein.«

Christine, 78 Jahre

»Tue, was dir guttut! Frei nach dem Motto *Die Liebe meines Lebens ist die Liebe für das Leben (selbst)*!«

Imke, 27 Jahre

»Es ist mir etwas peinlich, aber mir helfen gegen Liebeskummer Schmähgesänge: Ich singe allerlei fiese Sachen über meine Ex auf die Melodie von Pipi Langstrumpf ... Das wirkt, ehrlich! Probiert's mal aus!«

Ralf, 45 Jahre

Ungebunden

Marion, 35 Jahre

Ich bekomme sehr häufig Anfragen von Journalisten. Wenn sie für Tageszeitungen und Zeitschriften, Radiosender, Fernsehsendungen oder das Internet zum Thema Liebeskummer recherchieren, bitten sie *Die Liebeskümmerer* um Informationen oder ein Interview. Herzschmerz ist ein medialer Dauerbrenner. Warum? Es gibt einfach *immer* Betroffene. Und selbst wer nicht akut darunter leidet, kann mit solchen Beiträgen etwas anfangen: weil er oder sie schon mal Liebeskummer hatte, weil er jemanden kennt, der ihn gerade hat – oder einfach aus Neugierde auf die Beziehungsprobleme von Promis. Liebeskummer geht wirklich *jeden* etwas an.

Die Interviews verlaufen meist ähnlich, und es haben sich inzwischen ein paar Sätze herauskristallisiert, die so gut wie in jedem Gespräch fallen. Einer, den ich mich schon zigmal habe sagen hören, lautet beispielsweise: *Liebeskummer hat übrigens gar nicht zwangsläufig mit einer Trennung zu tun, es gibt noch ganz andere Auslöser.* Ich stelle nämlich immer wieder fest, dass ein gebrochenes Herz erst mal ganz selbstverständlich mit dem *Verlassenwordensein* in Verbindung gebracht wird. Das ist in der Realität aber viel zu kurz gegriffen:

Zum einen hat nicht nur derjenige Liebeskummer, der verlassen wird, sondern häufig auch derjenige, der die Trennung vollzieht, zum anderen gibt es auch in einer bestehenden Beziehung Liebeskummer – man will sich beispielsweise trennen und weiß einfach nicht wie, oder man ist in irgendeiner Weise abhängig von seinem Partner. Schweren Liebeskummer erlebt unser Team außerdem bei Menschen, die den Status *Geliebte* oder *Geliebter* tragen, sich aber eigentlich eine feste Partnerschaft mit ihrer (meist verheirateten) Affäre wünschen. *Unerwiderte Liebe* ist ein weiteres großes Thema, oft geht es um Arbeitskollegen, den Nachbarn oder andere Personen aus dem näheren Umfeld. Und dann gibt es noch den grundsätzlichen Kummer mit der Liebe: Menschen, die sich eine Beziehung wünschen, aber bei denen es mit niemandem klappen will, oft über Jahre. Einem solchen Fall ist die folgende Geschichte gewidmet, denn es geht mehr Frauen und Männern so, als man denken mag.

Marions E-Mail erreichte mich an einem Samstagnachmittag im Sommer 2012.

Betreff: Dauer-Single

Sehr geehrte Frau Sohn,

ich schaue mir gerade Ihre Homepage an. Sehr interessant und auch schön, dass Sie das machen! Es ist immer toll, etwas Neues und Wertvolles aufzubauen. Ich suche auch gerade nach einer neuen Herausforderung.

Aber zum eigentlichen Grund meines Schreibens: Ich bin 35 Jahre jung und seit vielen Jahren Single. In meinem ganzen Leben hatte ich erst eine Beziehung von 4 Monaten. So vieles kenne ich nur ohne Partner!!! Ich habe mich schon zigmal verliebt, aber immer unglücklich! Zurück blieb jedes Mal der Liebeskummer. Mir hilft es dann vor allem zu weinen, alles rauszulassen. Allerdings frage ich mich, ob ich jemals einen Mann finde, der meinen Weg mit mir geht, ob ich Kinder bekomme (noch 10 Jahre gebe ich mir dazu) und ob ich mal heiraten werde. Die Menschen in meinem Umfeld verstehen nicht, dass ich noch solo bin. Und ich kann es auch nicht begreifen. Immer wieder schöpfe ich neue Hoffnung, jetzt klappt es, jetzt geht es los. Das ist das totale Glücksgefühl, Schmetterlinge im Bauch. Danach lande ich auf dem Boden der Tatsachen, es war nichts. Das tut so weh.

Was sagen Sie dazu? Haben Sie so etwas schon mal gehört? Ich freue mich auf Ihre Antwort. Erst mal wünsche ich Ihnen weiterhin alles Gute!

Ihre Marion

Die Arme ist das Erste, was ich denke. Dann öffne ich Facebook. Anhand ihres Namens habe ich Marion mit zwei Mausklicks gefunden. Ihre Profilbilder sind öffentlich. Auf den meisten ist eine lachende Frau zu sehen. Marion hat schulterlanges, dunkles Haar, ein leicht rundliches, strahlendes Gesicht und auffällig schöne Zähne. Auf einem der Fotos trägt sie Tracht, das passt gut zu ihrer weiblichen Figur. Optisch betrachtet gibt es überhaupt keinen Grund, warum ausgerechnet diese Frau keinen Mann finden sollte.

Abends erzähle ich ein paar Freundinnen beim Essen von Marions Nachricht, weil sie mich beschäftigt und ich noch gar nicht so recht weiß, was ich ihr antworten soll. Die anderen erstaunt die Geschichte nicht besonders. Mehrere Jahre solo und erst eine Beziehung von vier Monaten, das kommt wirklich nicht so oft vor. Aber wir sind alle in unseren Dreißigern, und wie sich herausstellt, hat jede am Tisch mindestens eine Freundin, die, abgesehen von kurzen Episoden, allein lebt – seit zwei, drei oder mehr Jahren, obwohl sie sich eigentlich längst schon Familie wünscht. Alles richtig tolle Frauen, da sind wir uns einig. Sie haben einen anspruchsvollen Beruf, sehen gut aus und erwecken den Eindruck, als wüssten sie genau, wo sie hinwollen in ihrem Leben. Marion befindet sich im Grunde in bester Gesellschaft.

»Die Frage ist bloß, ob es ihr sonderlich hilft, wenn du das schreibst«, wirft meine Freundin Franziska ein, »und auch, ob unser Freundeskreis überhaupt repräsentativ ist.« Sie hat recht. »Gute Frage«, erwidere ich, »aber ich habe schon lange das Gefühl, dass das ein Problem unserer Generation ist. Eine neue Gattung des Liebeskummers quasi, die unsere Eltern in der Art gar nicht kannten ...« »Bindungslosigkeit«, bringt Alexa es auf den Punkt. »Ganz ehrlich, in den Augen meines Großvaters bist du als Frau schon für immer verloren, wenn du mit 25 keinen Ring am Finger hast, 'ne *alte Jungfer*. Was für ein fieser Begriff, oder?« Wir müssen lachen. Dann ergreift Sarah das Wort. »Wenn wir uns *eigentlich* alle fest binden wollen, viele von uns es aber einfach nicht auf die Reihe kriegen, dann könnte das gleichzeitig bedeuten, dass unsere Generation auch mehr Liebeskummer hat als die Generationen vor uns. Erstens trifft es uns öfter, weil unsere Beziehungen so schnell wieder kaputtgehen. Und je schwerer es war, überhaupt einen Partner zu finden, umso härter ist es, ihn wieder zu verlieren.« Sie guckt ernst in die Runde. Sind wir die *Generation Liebeskummer*? Und auch die Generation Kummer mit der Liebe?

Am nächsten Morgen setze ich mich auf der Suche nach Informationen an meinen Laptop. Statistiken, Studien, Befragungen. Haben die jüngeren Generationen tatsächlich mehr Probleme, sich zu binden, als ihre Großeltern und Eltern sie hatten? Wie viele Singles gibt es in Deutschland? Und sind das mehr als noch vor 50 Jahren? Schon nach einer halben Stunde Recherche bin ich verwirrt: Die Daten variieren so stark. Das Statistische Bundesamt sagt beispielsweise im Jahr 2011, ein Fünftel aller Deutschen seien alleinstehend. Diese Aussage fußt auf der Anzahl der *Ein-Personen-Haushalte* in Deutschland – aber sagt die Wohnsituation eines Menschen wirklich etwas über seinen Beziehungsstatus aus? Hm. »Knapp jeder dritte Deutsche ist Single« titelt im Frühjahr 2013 eine Studie der Partnerbörse ElitePartner. Das wäre ganz schön viel. Welche Zahl stimmt? So komme ich offensichtlich nicht weiter. Ich muss mit jemandem sprechen, der sich in dem ganzen Daten-Wust wirklich auskennt. So stoße ich auf Andrea Lengerer. Sie hat 2011 an der Universität Heidelberg zum Thema »*Partnerlosigkeit in Deutschland*« promoviert. Wenn jemand meine Fragen beantworten kann, dann wohl sie. Also schreibe ich ihr von meinem Anliegen, und sie ist sofort bereit, mir am Telefon Rede und Antwort zu stehen.

»Ich habe ein bisschen Sorge, Sie mit den Ergebnissen meiner Arbeit zu enttäuschen«, eröffnet sie das Gespräch. »So eindeutig, wie man erwarten könnte, sind die Zahlen nämlich nicht. Zumindest nicht auf den ersten Blick. Man muss ein bisschen hinter die Statistiken blicken, um sie richtig zu deuten.« Ich bin gespannt. Frau Lengerer hat untersucht, wie sich das Bindungsverhalten von deutschen Frauen und Männern zwischen 1962 und 2006 verändert hat. Und, das sagt sie mir gleich vorab, würde man den reinen Zahlen glauben, könnte man meinen: gar nicht. 1962 lebten nämlich ähnlich viele Menschen in festen Partnerschaften wie zu Beginn des 21. Jahrhunderts. »Aber«, erklärt mir Frau Lengerer, »was man dabei beachten muss, ist die Tatsache, dass viele Frauen der älteren Generationen *rein rechnerisch* keinen passenden Partner finden konnten – zu viele Männer waren im Krieg gefallen! Wäre das nicht so gewesen, wäre der Anteil der Paare damals schon höher gewesen als heute.« Interessant. Es macht für meinen Zweck also mehr Sinn, Geburtsjahrgänge der letzten Kriegsjahre und der Nachkriegszeit zu betrachten. Frau Lengerer hat schon ein paar passende Daten für mich herausgesucht: Bis zu 87 % der Frauen, die 1940 geboren wurden, lebten im Alter von 30 Jahren mit einem Partner zusammen – aber nur 70 % der Frauen gleichen Alters, die 1970 geboren wurden.

»Also stimmt es, dass meine Generation sich seltener bindet und immer mehr von uns allein sind?«, frage ich Frau Lengerer. Sie räuspert sich. »Jein. Es bedeutet auf jeden Fall, dass wir heute viel später feste Partnerschaften eingehen als früher.« Ich muss an Alexas Großvater und den Spruch von der alten Jungfer denken. »Wir haben ja auch mehr Zeit, weil wir immer älter werden …«, werfe ich ein. »Genau«, sagt Frau Lengerer, »wir verbringen zum Beispiel die ersten 25 bis 30 Jahre unseres Lebens locker mit Bildung – und zwar Frauen wie Männer. Das bedeutet zum einen, dass die meisten in dieser Phase noch gar nicht an eine feste Bindung denken, und zum anderen, dass heute anteilmäßig viel mehr Frauen gut bis sehr gut gebildet sind. Solche Frauen blieben auch vor 60 Jahren oft allein.« »Wie?«, frage ich nach. »Ein Studium senkt für eine Frau die Chance, einen Partner zu finden?« Frau Lengerer lacht. »Statistisch gesehen schon, ja. Das kommt durch die unterschiedlichen Partnerwahlkriterien von Männern und Frauen, und die haben sich in den letzten Jahrzehnten kaum verändert: Eine Frau sucht in der Regel einen Partner auf Augenhöhe oder darüber, was sozialen Status und Bildung betrifft. Männer hingegen interessieren sich oft auch für die Frauen, die ihnen ein bisschen ›unterlegen‹ sind …« Das ist ja verrückt. Aber ich erkenne das Dilemma. Sehr gebildete Frauen bleiben allein, weil die Luft nach oben hin dünn wird und die Männer, die überhaupt in Frage kämen, sich häufig für einen ganz anderen Typus Frau interessieren. Gleichzeitig finden Männer immer weniger Frauen, die in ihr Beuteschema passen. Damit wäre auch geklärt, warum meine Freundinnen den Eindruck hatten, in unserem Umfeld treffe es vor allem Ärztinnen, Anwältinnen oder Unternehmerinnen.

»Und kann man in der ganzen Sache von einem Trend sprechen«, möchte ich von Frau Lengerer noch wissen, »hin zur Single-Gesellschaft?« Sie antwortet ohne zu zögern. »Ja, es gibt einen Trend, aber er fällt in Bezug auf die Gesamtbevölkerung nicht so dramatisch aus, wie ihn die Medien gern darstellen. Es leben immer noch gut drei Viertel aller Deutschen in der mittleren Phase ihres Lebens in einer Partnerschaft. Was sich allerdings wirklich stark verändert hat, ist die Dauer von Beziehungen und die Form des Zusammenlebens. So wie bei unseren Großeltern ist es schon lang nicht mehr: heiraten mit zwanzig und dann ein und derselbe Partner bis ans Lebensende. Aber für die Details würde ich Sie gern an meinen Kollegen Jan Eckard verweisen, der arbeitet auch an der Uni Heidelberg und hat sich mit genau dieser Frage beschäftigt.« Wie toll das ist, wenn man einmal an der Quelle sitzt, denke ich. Ich bedanke mich bei Frau Lengerer – auch an dieser Stelle noch einmal! – und schreibe als Nächsten Herrn Eckard an.

»So ist es. Der eigentlich spektakuläre Trend ist nicht der generelle Verzicht auf eine Partnerschaft«, bestätigt er die Aussage seiner Kollegin, »der eigentliche Trend ist die Abkehr von langfristigen, beständigen Beziehungen und hin zu wechselnden, kurzen Partnerschaften. Wir sprechen von einer *Zunahme der Trennungsanfälligkeit.*« Bedeutet im Klartext: Partnerschaften sind heute von Generation zu Generation einem höheren Trennungsrisiko ausgesetzt. Ein neuer

Kassenschlager scheinen Beziehungen mit einer Dauer von unter einem Jahr zu werden sowie das Zusammenleben ohne Trauschein. Unter dem Strich, erklärt mir Herr Eckard, bedeutet das aber nicht, dass wir unbedingt mehr Zeit unseres Lebens als Single verbringen als unsere Großeltern – wir splitten unsere Bindungen bloß über mehrere Partner und legen schon viel früher los. Ich weiß nicht. Für mich klingt das irgendwie unromantisch. So gar nicht mehr nach der großen Liebe. Es klingt nach *Lebensabschnittsgefährten*. Nach häufigem Verliebtsein, aber im Umkehrschluss auch nach vielen schmerzhaften Trennungen. Nach viel Liebeskummer. »So ist es«, bestätigt Herr Eckard. »Das könnte auch einer der Gründe sein, warum im mittleren Alter weniger von uns bereit sind, sich noch fest zu binden – wir haben bis dahin schon zu viele schlechte Trennungserfahrungen gemacht.« Na prima.

Auch, wenn die Beobachtung meines eigenen Umfelds und die Erzählungen meiner Kunden mich das alles schon haben vage vermuten lassen – es noch mal aus dem Expertenmund zu hören, finde ich heftig. Denn die gelebte Realität scheint mir in einem krassen Gegensatz zu dem zu stehen, was sich die meisten Menschen, die ich kenne, nach wie vor wünschen: *den* oder *die* PartnerIn fürs Leben. Ich denke an Sarahs Worte. »Wenn wir uns *eigentlich* alle fest binden wollen, viele von uns es aber einfach nicht auf die Reihe kriegen ...« Dann läuft wohl irgendwas schief. Vielleicht sind wir wirklich die *Generation Liebeskummer*. Und die Generation Kummer mit der Liebe. Aber warum? Das fragt sich auch Herr Eckard. »Dazu muss weiter geforscht werden, Frau Sohn«, sagt er mir. »Zum jetzigen Zeitpunkt sehen wir die Entwicklung und haben natürlich auch jede Menge theoretische Erklärungsansätze dafür. Nur, welcher von ihnen wirklich zutreffend ist, ist wissenschaftlich noch nicht ausreichend belegt.« Das hatte ich befürchtet. Ein paar Anhaltspunkte gibt es aber. Ihnen nachzugehen, nehme ich mir für den nächsten Tag vor.

Das wichtigste Ergebnis vorweg: So viele unterschiedliche Gründe die Autoren, auf die ich mich im Folgenden beziehe, für unsere Bindungsprobleme auch anführen – in einem sind sich alle einig: Die Tatsache, dass die Sache mit der Liebe heute irgendwie komplizierter geworden ist als früher, hat etwas mit Bildung, Emanzipation und dem veränderten Selbstverständnis der Frau zu tun. Zumindest *auch*. Das würden Frau Lengerer und Herr Eckard sofort unterschreiben, da bin ich mir sicher.

Ich besuche Internetforen, lese Zeitungsartikel und nehme mir vor allem ein Buch vor, das im Jahr 2012 für Aufsehen gesorgt hat. Es heißt »Warum Liebe weh tut« und stammt von der israelischen Soziologin Eva Illouz. Von der Wochenzeitung *Die Zeit* wurde sie zu einer von weltweit zwölf Intellektuellen gewählt, *die das Denken der Zukunft entscheidend verändern werden.*

Dass es heute schlicht *mehr* Liebeskummer gibt als noch vor 50 oder 100 Jahren, glaubt Frau Illouz nicht. Auch nicht, dass er stärker weh tut. Aber: Er hat sich verändert. Früher hatten Frauen und Männer Kummer mit der Liebe, weil sie in Vernunftbeziehungen steckten, in gesellschaftlich vorteilhaften, häufig sogar von den Eltern arrangierten Ehen. Die Liebesheirat wird ja noch gar nicht so lang praktiziert, nämlich erst seit der zweiten Hälfte des 20. Jahrhunderts. Trotzdem ist es für uns bereits schier unvorstellbar, unser Leben an der Seite von jemandem zu verbringen, den wir uns nicht selbst ausgesucht haben. Schlimmer noch: den wir möglicherweise richtig unangenehm finden. Man denke nur an die Erfüllung der ehelichen Pflichten …

Liebeskummer entsprang früher im Zweifel also gesellschaftlichen Zwängen. Man lebte mit jemandem zusammen, den man nicht liebte, und mit dem, den man liebte, durfte man nicht zusammenleben. Das ist heute ganz anders. Wir sind frei zu wählen. Aber damit können wir auch niemanden mehr für unser Liebesglück verantwortlich machen als uns selbst. Der Schmerz, den wir durchleben, wenn es nicht klappt, ist höchstpersönlich geworden und individuell. Die Folge sind Selbstzweifel, Schuldgefühle. Ein Trugschluss, meint Illouz. Denn so positiv die veränderten Rahmenbedingungen auch sind – sie haben eine Kehrseite, die es uns ganz grundsätzlich erschwert, unser Glück zu finden:

Zunächst sind da die unendlichen Wahlmöglichkeiten. Wenn in meinem unmittelbaren Umfeld niemand ist, der mir gefällt, finde ich vielleicht jemanden im Internet. Und hat das einmal geklappt – wer sagt dann, dass es da draußen nicht jemand anderen gibt, der noch ein bisschen besser zu mir passt? Vielleicht also nebenbei weitersuchen? Wir streben nach Perfektion, nach dem Optimum. Weil wir diese Einstellung aus so vielen anderen Bereichen unseres Lebens gewöhnt sind. Dabei übersehen wir leider schnell, wie großartig das ist, was wir haben.

Das wiederum führt dazu, dass wir in Beziehungen ziemlich schnell die Flinte ins Korn werfen. »Die meisten hier sind doch gar nicht mehr bereit, auch mal 'ne Krise durchzustehen«, schreibt Dirk1976 in einem Online-Forum für Singles. »Dabei wird's mit der Nächsten auch nicht besser. Probleme gibt es immer. Und die Schmetterlinge, die man anfangs im Bauch hat, verschwinden nun mal im Lauf der Zeit. Ich wünsche mir so sehr eine Beziehung, die über Verliebtheit hinausgeht und zu einer echten, großen Liebe wird. Aber wie soll das gehen, wenn man es nie länger als zwei Jahre miteinander aushält! :-(«

Möglich werden diese häufigen Trennungen natürlich erst dadurch, dass Frauen und Männer heute nicht mehr materiell voneinander abhängig sind. »*Die Freiheit als Schicksal*« nennt es das *Magazin der Süddeutschen Zeitung* – wir brauchen einander nicht mehr, um zu existieren. Und deswegen gehen wir einfach, wenn's unbequem wird. Früher wurde ein Mann, der seine *arme* Frau sitzen ließ, gesellschaftlich geächtet. Und eine Frau mit zu vielen sexuellen Erfahrungen galt als anstößig. Beides brauchen wir heute nicht mehr zu fürchten.

Wir haben also mehr Auswahl, streben nach Perfektion und sind weniger bereit, um eine Beziehung zu kämpfen, da wir materiell unabhängiger voneinander sind und durch eine Trennung keine wirklich nennenswerten gesellschaftlichen Nachteile erfahren. So weit, so traurig. Aber das erklärt noch nicht, warum es für eine Frau wie Marion so schwierig ist, überhaupt einen Partner zu finden, und sei es nur für kurze Zeit. Oder doch? Allerdings, würde Frau Illouz vermutlich sagen. Denn an dieser Stelle kommt die Sache mit den Kindern ins Spiel.

»Wenn ich die schon sehe, diese ganzen verzweifelten Mittdreißiger mit ihren tickenden Uhren«, möchte ich exemplarisch einen von vielen ähnlich lautenden Posts zitieren, die ich in diversen Online-Foren entdecke. »Die scannen jeden Typen, der ihnen begegnet, auf Vatertauglichkeit. Echt, mit so einer würd ich mich nie einlassen. Eh Du Dich versiehst, hängt die Dir ein Kind an, und dann kommste nicht mehr raus aus der Nummer.« Autsch. Aber, um hier einem Missverständnis vorzubeugen: Es ist natürlich nicht so, dass der Mann von heute sich grundsätzlich keine Familie erträumt.

Aber er steht biologisch gesehen kaum unter Druck. Damit hat er die Chance, bis zum letzten Moment zu warten, bis er sich festlegt. Das bringt viele Frauen zwischen dreißig und Anfang vierzig in die Bredouille, denn für sie ist es irgendwann zu spät, schwanger zu werden.

Als ich all das durchdacht habe, befinde ich mich gefühlsmäßig irgendwo zwischen Ernüchterung und Erleichterung. Ernüchtert, weil es bedeutet, dass der Liebeskummer in den jüngeren Generationen fast wie eine Sollbruchstelle vorprogrammiert ist. Erleichtert, weil das Ganze zum Großteil ein Problem unseres Zeitgeistes ist und nicht so sehr etwas, weswegen der Einzelne an sich zweifeln müsste. Wir suchen und suchen und machen es uns selbst dadurch immer schwerer, irgendwann anzukommen. Obwohl wir uns eigentlich danach sehnen. Denn, da bin ich mir sicher: Materiell gesehen brauchen Frauen und Männer einander vielleicht nicht mehr. Emotional aber definitiv.

Was bleibt, ist die Frage nach einer Lösung. Sie zu beantworten, ist leider noch niemandem gelungen. Es gibt Vorschläge, durchaus. Aber in der Regel setzen die voraus, dass wir alle auf einmal bereit wären, die Problematik zu durchdenken und dann etwas an unseren Einstellungen und Verhaltensmustern zu ändern. Das ist zum einen unwahrscheinlich, und zum anderen funktioniert die Liebe nun mal nicht über den Kopf.

Für den Moment erscheint mir hingegen wichtig, sich bewusst zu machen, dass Liebeskummer nicht gleich persönliches Versagen bedeutet. Und Kummer mit der Liebe nichts ist, wogegen Selbstzweifel helfen. Wir lieben in einer schwierigen Zeit. Aber wir haben den großen Vorteil, andere Bereiche unseres Lebens so gestalten zu können, wie es uns angenehm ist, während Mr oder Mrs Right (noch) auf sich warten lassen.

Wer weiß, vielleicht kriegen Frauen in Zukunft im Zweifelsfall auch ohne einen festen Partner Kinder. Oder jüngere Frauen tun sich noch öfter als bisher mit älteren Männern zusammen. Vielleicht sind es auch nur ein paar Übergangsgenerationen, die an Bindungsproblemen leiden, und irgendwann fällt es den Menschen wieder leichter, feste Beziehungen einzugehen.

Vorerst habe ich vor, mit den Liebeskümmerern für all jene da zu sein, die unter Herzschmerz leiden, aus welchem Grund auch immer. Und nebenbei Aufklärungsarbeit zu leisten. *Liebeskummer ist übrigens gar nicht nur eine persönliche Sache, er ist heute längst ein gesellschaftliches Phänomen* könnte einer der Sätze sein, die ich von jetzt an in Interviews häufiger mal fallen lasse.

Marion habe ich natürlich auch noch geantwortet. Mit dieser Geschichte. Ich hoffe, sie hat ihr ein bisschen geholfen und ihr vor allem Mut gemacht, in sich, in ihre Gefühle und Wünsche zu vertrauen.

Liebeslist

Frederik, 36 Jahre

An den Details der folgenden Geschichte stimmt so gut wie gar nichts. Die verwendeten Namen nicht, der Ort nicht, die Zeit nicht, nicht mal die Geschlechter der Protagonisten. Also, zumindest nicht alle. Das hat natürlich einen guten Grund: Es hängt einfach zu viel davon ab, dass Frederik, um den es hier geht, unerkannt bleibt. Warum, das werden Sie gleich verstehen.

Frederik wurde vor einigen Jahren von seiner Freundin betrogen. Mit einem Mann vom Typ Playboy. Braungebrannt, durchtrainiert, barfuß in Mokassins, mit Gelfrisur, Zahnpastalächeln, Rolex am Arm und – ohne gemein sein zu wollen! – nicht allzu viel Grips im Kopf. Kurzum: das Gegenteil von Frederik.

Nicht, dass der unattraktiv wäre, um Gottes willen! Aber an Frederik überzeugt mehr noch der Inhalt als die Verpackung: Er hat einen ausgesprochen cleveren Humor und beinahe immer gute Laune, ist intelligent, zuverlässig, fürsorglich, ehrgeizig, gradlinig und vor allem treu, sich selbst und auch andern gegenüber. Ein Traummann, sollte man meinen. Und ja, das fand Caroline, die Frau, um die es hier geht, acht Jahre lange auch. Bis sie kurz vor ihrem dreißigsten Geburtstag plötzlich einen Rappel bekam, Traummann hin, Traummann her. Sie hatte Angst, irgendwas verpasst zu haben in ihrem Leben – mit Frederik ging es jetzt nur noch um Zweisamkeit für den Rest aller Zeiten. Caroline wurde wankelmütig, ein bisschen schwach, und ausgerechnet in dieser Phase traf sie ungünstigerweise auf den Playboy. Dessen Bemühungen fielen entsprechend schnell auf fruchtbaren Boden …

Ein paar Wochen lang lief die Sache parallel. Sie war so anders, so verboten, von oberflächlicher Leichtigkeit, voll Leidenschaft und Energie. Aber im Grunde war Caroline damals wie heute ein hochanständiges Mädchen. Also überkam sie ein furchtbar schlechtes Gewissen, sie konnte Frederik nicht länger belügen. Ihr Abenteuer gleich schon wieder zu beenden konnte sie sich indes genauso wenig vorstellen. Es blieb ihr also nur eins: Sie musste sich von Frederik trennen.

»Es ist kein anderer Mann, zumindest kein konkreter«, sagte Frederik später am Telefon zu seinem besten Freund Johann, denn Caroline hatte nichts von dem Playboy erwähnt. »Ich glaube, sie denkt, sie muss noch mal frei sein, bevor es richtig ernst wird mit uns. Sie war ja erst 21 …« »Ich weiß nicht, Fred. So ist Caro aber doch gar nicht.« »Eben«, antwortete Frederik prompt, »und das wird sie schnell merken! Ich geb ihr vier Wochen, maximal sechs. Aber weißt du, besser sie kriegt das jetzt als irgendwann später, wenn wir erst mal Kinder haben.« Johann räusperte sich. »Verstehe, wenn du das so siehst. Dann drück ich dir mal die Daumen!«

Die Tage vergingen, und Frederiks Stimmungskurve glich einer sanften, aber stetigen Talfahrt. Der Tiefpunkt hieß Tag 43 und legte schonungslos offen, dass er sich geirrt haben musste, denn Caroline war weit und breit nicht in Sicht. *Kommt der Prophet nicht zum Berg, muss der Berg eben zum Propheten*, dachte sich Frederik, seufzte und kaufte eine wunderschöne, langstielige Rose – orangefarben und nicht rot, denn das fand er kitschig. Dann bezog er abends auf dem Gehweg gegenüber ihres Büros Stellung.

Er wollte sie abfangen, um sie wachzurütteln. Um ihr zu sagen, dass jetzt genug Zeit vergangen war und wie sehr er sie trotz allem liebte. Natürlich hatte er einkalkuliert, dass sie erst spät rauskommen könnte oder telefonierend oder in Begleitung einer Kollegin. Für jeden dieser Fälle hatte er eine Vorgehensweise im Kopf. Nur nicht für den, der dann eintrat: Caroline verließ das Gebäude und fiel mit dem Mund direkt auf die Lippen eines widerwärtigen Lackaffen, der vor dem Haus gewartet hatte. Frederik blieb vor lauter Knutscherei die Spucke weg. Seine Frau in den behaarten Armen eines anderen Mannes! Reflexartig drehte er sich weg, um den Anblick nicht länger ertragen zu müssen. Genauso gut hätte ihm jemand einen Dolch ins Herz rammen können. Im Zweifelsfall hätte das weniger weh getan.

»Ich hätte dem Penner eine reinhauen sollen!!!«, schrie er kurze Zeit später sein Handy an, damit Johann den Ernst der Lage besser verstand. »Verdammt! Ich hab mich umgedreht und bin gegangen. Johann! Was war da nur los?« Sein Freund räusperte sich. »Fred, ganz ehrlich, du hast dich doch noch nie in deinem Leben geprügelt.« Frederik stutzte einen Moment. »Ja, okay, stimmt. Aber dann wird's vielleicht langsam mal Zeit!« »So ein Quatsch«, gab Johann ruhig zurück. »Du warst einfach schon immer ein bisschen schlauer als andere Jungs. Das hast du gar nicht nötig.« Frederik tobte vor Schmerz. »Aber Caro gehört verdammt noch mal zu mir, das siehst du doch auch so? Ich will sie zurück, Johann, ich will, dass sie jetzt hier bei mir ist und nicht bei diesem …!!!« »Ich weiß. Und wenn der Kerl so 'ne Nullnummer war, ist sie echt gerade ziiiiemlich verwirrt. Aber ich fürchte, ihn zu vermöbeln würde gar nichts bringen. Caro hasst doch Gewalt.« Frederik raufte sich die Haare. »Aber was soll ich dann machen? Mit ihr reden bringt doch jetzt auch nichts! Mann, ich raste gleich aus!« »Ich fürchte, da hilft nur eins«, sagte Johann, und seine Stimme klang nun konspirativ, »du musst sie mit ihren eigenen Waffen schlagen. Ist ja zu ihrem Besten.« »Was?«, schoss es aus Frederik. »Na ja, bring sie dazu, dass sie sich so fühlt wie du dich jetzt gerade.« Frederik jaulte auf. »Na toll, super Tipp, und wie soll ich das machen?« »Ganz einfach«, erklärte Johann seine Idee – die er in einer Frauenzeitschrift beim Friseur geklaut hatte (aber das sagte er nicht). »Sorg dafür, dass sie dich mit'ner andern Frau sieht. Dann kommt sie von ganz alleine zurück.« Plötzlich war Stille am anderen Ende.

Johanns Gedanke war mehr als verlockend. Aber er stellte Frederik vor drei neue Fragen: Erstens, konnte er moralisch wirklich vertreten, Caroline das anzutun? Zweitens, wenn ja, welche Frau kam dafür in Frage? Drittens, welches war das richtige Szenario für eine »zufällige« Begegnung?

Frage eins zu beantworten, fiel ihm am schwersten. Er liebte seine Caro und wollte ihr auf keinen Fall weh tun. Möglicherweise war so ein Anblick für sie viel zu viel, und am Ende würde er sie erst recht von sich forttreiben. Andererseits hatte ja sie sich getrennt – und hatte insofern eigentlich kein Recht, wütend zu sein. Das Risiko bestand dennoch, da war Frederik sich sicher. Aber das, worum es hier ging, war es ihm wert, alles auf eine Karte zu setzen. Schließlich hatte er nichts mehr zu verlieren. Er konnte diesen Zustand nicht länger ertragen, und im Grunde war er sich sicher, dass Caroline nur an einer temporären, geistigen Umnachtung litt. »Es ist ja zu ihrem Besten«, hatte Johann gesagt. Zu diesem Ergebnis kam Frederik schlussendlich auch.

Frage zwei war wiederum heikel. Die meisten seiner Freundinnen kannte Caroline, und unabhängig davon ließ allein der Gedanke, eine von ihnen in diese Sache einzuweihen, ihm die Schamesröte ins Gesicht steigen. Das Wichtigste war ohnehin, dass sie gut aussah. »Ich würde eine Schauspielschülerin engagieren«, sagte Johann, »für die ist das 'ne tolle Übung, und du bestimmst die Optik. Außerdem ist das ein professionelles Verhältnis. Du läufst nicht Gefahr, dass sie sich irgendwann mal verquatscht.« Das erschien Frederik tatsächlich der Knackpunkt zu sein: Er brauchte eine Frau in der Nähe, die aber gleichzeitig weit genug weg war, um niemals wieder ihren Weg zu kreuzen. Denn angenommen, die Aktion wäre erfolgreich, und später käme irgendwann raus, dass er … Auweia. Lieber zahlte er gleich etwas mehr!

»Hoffentlich ist sie nicht so talentiert, dass sie irgendwann mal ein Fernsehstar wird«, kommentierte Johann die Fotos von Miriam S. Frederik hatte sie auf der Website einer Statistenagentur gefunden. Sie war groß, schlank, mit langen, dunklen Haaren und einer Bombenfigur. »Und dann erzählt sie in einer Homestory, dass sie seit zehn Jahren glücklich verheiratet ist … Du würdest ganz schön in Erklärungsnot geraten, Fred …« Er musste laut lachen. »Hey, ich hab vorgesorgt«, erklärte Frederik stolz, »die will Ärztin werden und macht das nur nebenbei.« Der Sache stand also nichts mehr im Wege. Und tatsächlich: Eine Woche später saß Miriam S. im Zug und kam die 100 Kilometer zu Frederiks Wohnort gefahren. Sie fand die Geschichte irgendwie süß und freute sich, helfen zu können.

Frage drei hatte Frederik im Ausschlussverfahren geklärt. Caroline vor der Arbeit abzupassen, war viel zu durchschaubar, in der Gegend hatte er sonst nichts verloren. Aus dem gleichen Grund schied eine Begegnung vor ihrem Haus aus. Blieben noch das Fitnessstudio und der Wochenmarkt am Samstagvormittag. Caroline ging regelmäßig zum Sport, und wie der Zufall es wollte, wohnte ein Freund von Frederik gleich nebenan. Das war durchaus plausibel. Allerdings trainierte Caroline nicht jeden Abend. Gegebenenfalls würde die Aktion dann ein Schuss in den Ofen. Aber der Marktplatz am Samstagmorgen, in der Nähe vom italienischen Feinkoststand! Carolines Ritual seit drei Jahren. Das konnte gar nicht schiefgehen.

In der Nacht vor Tag X konnte Frederik kaum schlafen. Beim morgendlichen Blick in den Badezimmerspiegel fühlte er sich hundsmiserabel. Doch darauf, wie er heute aussah, kam es nicht an. Um 8 Uhr würde Miriam S. am Bahnhof sein. Kurzes Kennenlernen, Warmwerden. Proben von Händchenhalten, verliebtem Blick, einem Kuss. Ab halb zehn musste alles sitzen. Der Plan war, den Wagen so zu parken, dass der Feinkoststand einsehbar war.

Würde Caroline dann auftauchen – allein oder ebenfalls in Begleitung –, wollten sie aussteigen und ganz entspannt losschlendern. Miriam S. würde seinen Namen ein- oder besser zweimal laut rufen, damit Caroline es in jedem Fall mitkriegte. Er hatte sich vorgenommen, gar nicht in ihre Richtung zu blicken. Wenn wieder derselbe Mann bei ihr wäre wie kürzlich, würde sie sich in Grund und Boden schämen vor Frederik. Und wenn er ihr wenigstens das ersparen konnte, dachte Frederik, dann wollte er es auch tun.

Miriam S. und er verstanden sich auf Anhieb. Sie sah toll aus, war wirklich genau Frederiks Typ – wenn er neben Caroline überhaupt einen hatte – und vor allem völlig entspannt. »Mach dir keine Sorgen, Frederik«, munterte sie ihn ob seines zunehmend gestressten Gesichtsausdrucks auf, »ich spiel das so überzeugend, du brauchst eigentlich gar nichts zu machen. Sie wird denken, ich bin unsterblich verliebt und reiß mir dich gerade so richtig schön unter den Nagel.« Frederik nickte. »Was würdest du eigentlich machen, wenn du deinen Exfreund so sehen würdest?« Miriam S. musste schmunzeln. »Kommt ganz darauf an, wie meine Gefühle für ihn aussehen … Sagen wir mal so: Danach weißt du definitiv, ob sie dich noch liebt. Hoffentlich kassiere ich keine Ohrfeige oder ausgerissene Haare!« Sie musste lachen, und plötzlich fand auch Frederik die ganze Situation komisch, wie aus einem schlechten Film. »Dann könntest du wenigstens zeigen, was als Schauspielerin in dir steckt!«, scherzte er. »Aber nein, so ist Caro nicht. Spontan wird sie im Zweifelsfall gar nichts machen. Das kommt dann später.« Er erinnerte sich nur zu gut an seine eigene Schockstarre vor Carolines Büro.

So früh, wie sie am Marktplatz ankamen, war die Parklücke schräg gegenüber des italienischen Feinkoststands wirklich noch frei. Frederik stellte den Wagen ab, nun begann das Warten. Für seine Nerven wäre es definitiv besser, Caroline käme sehr bald. Er unterhielt sich mit Miriam S. über dies und das, observierte aber gleichzeitig die nähere Umgebung. Vor lauter Plauderei durften sie nicht verpassen, was draußen passierte. Es war 10:22 Uhr und Miriam S. berichtete gerade von ersten Erfahrungen im Sezierkurs, als Frederiks Herz aussetzte: Caroline kam die Straße herunter, neben ihr lief wieder diese Flachpfeife. Mit den Händen in den Hosentaschen und einer Sonnenbrille auf der Nase, obwohl es bewölkt war. *Die kommen bestimmt direkt aus dem Bett,* dachte Frederik und spürte ohnmächtige Wut in sich aufsteigen. »Da sind sie«, unterbrach er Miriam S. und zeigte in die entsprechende Richtung. Die war blitzschnell bei der Sache. »Okay, die brauchen aber noch von dahinten. Wir warten, bis sie an der letzten Hausecke sind, und dann geht's los, Frederik. Mach einfach mit, ja? Ich bin gerade ein bisschen entspannter als du.« Frederik nickte und stellte erstaunt fest, dass jetzt sogar seine Hände zu zittern begannen.

»Okay, los!« Miriam S. öffnete die Beifahrertür, stieg aus und lief über die Straße, direkt auf den Stand neben dem Feinkostwagen zu. Sie strahlte über das ganze Gesicht, als sie sich, dort angekommen, umdrehte. Frederik warf einen letzten Blick in Richtung Hausecke – Caroline war jetzt keine 50 Meter mehr von ihm entfernt. Schnell stieg auch er aus, schloss die Tür hinter sich und hörte schon Miriams Stimme. »Fre – de – rik!« Sie stand so, dass er Caroline und ihren Begleiter im Rücken hatte und keinen der beiden ansehen musste. »Fre – de – rik!«, rief sie noch einmal und winkte ihm lachend zu. »Hier bin ich!« *O mein Gott, was mache ich hier nur,* schoss es Frederik durch den Kopf, doch für einen Abbruch der Aktion war es ohnehin viel zu spät. Mit Gummibeinen lief er auf Miriam S. zu. Sie fiel ihm kichernd in den Arm und gab ihm einen, selbst von hinten nicht fehlinterpretierbaren, langen Kuss auf den Mund. Gleichzeitig griff sie nach seiner Hand. »Komm, ich möchte gern Obst kaufen da drüben!« Sie zog ihn direkt zum Früchteparadies, das seine Waren genau gegenüber der italienischen Delikatessen feilbot. Das war außerplanmäßig! Eigentlich wollten sie einfach nur den Gang zwischen den Ständen entlangschlendern. Aber für eine Diskussion war jetzt definitiv nicht der richtige Moment. »Ich nehme drei von den Kiwis und zwei von den Bananen, bitte«, gab Miriam S. lächelnd ihre Bestellung auf. »Und was magst du haben, mein Schatz?« Sie lehnte sich sanft an Frederiks Schulter und gab ihm einen Kuss auf den Hals. Nicht eine Sekunde wendete sie ihre großen dunklen Augen von ihm ab. Die Obsthändlerin grinste. »Nee, was muss die Liebe schön sein«, sagte sie. »Also, *Schatz,* was möchten Sie nun?« *Caroline!,* dachte Frederik, sagte aber zum Glück »Eine Papaya. Danke«. Nachdem er gezahlt hatte, legte Miriam S. sich geschickt seinen Arm um die eigenen Schultern und umschlang Frederiks Taille. So eng beieinander entfernten sie sich ganz langsam vom Ort des Geschehens. »Zehn Schritte noch, dann bleiben wir stehen, ich stell mich vor dich, zum Küssen. Dann kann ich dir noch mal kurz über die Schulter gucken.

Acht, neun, zehn ...« Ehe Frederik sich versah, hielt Miriam S. an, platzierte sich vor ihm, küsste ihn erneut und nahm ihn dann fest in den Arm. Noch während sie ihren Kopf an seiner Halsbeuge rieb, flüsterte sie: »Okay, sie hat uns gesehen. Bingo.« Frederik stockte der Atem. »Dann schnell weg hier jetzt!« Automatisch griff er nach Miriams Hand und marschierte los.

Es dauerte einige Minuten, bis Frederiks Puls sich wieder beruhigte. Miriam S. und er saßen inzwischen an einem trashigen kleinen Imbiss unweit des Marktplatzes. »Mann, mit dem Obststand hast du mich ganz schön überrascht!«, sagte er kopfschüttelnd und atmete das erste Mal richtig tief durch. » Na ja, ich wollte halt ganz sichergehen, dass alles klappt.« Miriam S. zwinkerte ihm zu. »Du hättest ihren Blick sehen sollen. Wenn dieser schleimige Typ nicht dabei gewesen wäre, wer weiß, ich glaube, ich hätte doch noch Haare gelassen ...« »Ernsthaft?« Frederik wusste plötzlich nicht, ob er sich freuen oder schämen sollte. Caroline ging es jetzt vermutlich nicht sonderlich gut. Und zwar seinetwegen. »Aber hallo! Mich hat sie gar nicht angeguckt, sie hat dich angestarrt, wie eine Erscheinung, ehrlich.« Er seufzte. Eigentlich ging die ganze Sache erst jetzt in die entscheidende Phase über. Was würde in den folgenden Stunden passieren? Würde überhaupt etwas passieren? »Mach dir keine Sorgen«, Miriam S. schien seine Gedanken zu lesen. Sie nahm ein letztes Mal seine Hand. »Die kommt zurück, ich weiß das. Ich bin doch auch eine Frau. Wenn eine so guckt, dann bist du ihr alles andere als egal.« Frederik rieb sich die Schläfen. »Ich hoffe es so sehr«, seufzte er und legte sein Handy neben sich auf den Tisch, »abwarten.«

Aber Caroline meldete sich nicht telefonisch. Sie stand vor Frederiks Tür. Schon am nächsten Morgen, denn das war ja ein Sonntag. Frederik mimte den Überraschten, obwohl ihm das ausgesprochen schwer fiel. Bis dato hatte er Caroline nie belogen. *Doch wer A macht, muss auch B machen*, das war ihm klar. Es war ja alles für den guten Zweck. Was sein Gewissen ein wenig beruhigte, war, dass auch Caroline den vorherigen Morgen mit keinem Wort erwähnte. Kein Wort darüber, dass sie ihn mit einer anderen Frau gesehen hatte. Sie habe viel nachgedacht in den letzten Wochen, sagte sie stattdessen, und dass nun genug Zeit vergangen sei. Ihr sei bewusst geworden, wie sehr sie ihn liebe. Diese Sache mit dem Ausleben sei eine Schnapsidee gewesen, das wisse sie jetzt. Dann begann sie zu weinen. Frederik ließ sie keinen Augenblick schmoren. Er schloss sie fest in seine Arme. »Du sprichst mir aus dem Herzen, mein Spatz. Ich bin einfach nur froh, dass du wieder da bist. Jetzt starten wir noch mal ganz neu.« Dann kamen auch ihm die Tränen. Vor Glück, aus Erleichterung und ein bisschen auch aus Dankbarkeit, wie gut Johanns Plan aufgegangen war.

Frederik und Caroline leben seitdem wieder zusammen, jeder mit einem kleinen Geheimnis. Mal fällt es ihnen leichter, das zu bewahren, mal ist es schwer. Unterm Strich jedoch sind beide sehr glücklich. Deswegen werden sie dieses Buch vermutlich auch nie in die Hände bekommen. Und selbst wenn: Es ist gut möglich, dass sie sich in »ihrer« Geschichte gar nicht wiedererkennen. Denn alle meine Informationen stammen von Johann. Ob er die Eifersuchts-Rückgewinnungs-Methode seit damals weiter im Freundeskreis propagiert, wollte ich am Ende unseres langen und stellenweise unglaublich lustigen Gesprächs von ihm wissen. Seine Antwort gefiel mir: »Nein, mache ich nicht. Wenn's so weit kommt, dass man das nötig hat, ist eine Beziehung im Normalfall eh verloren. Wer's aber unbedingt wissen will, dem rate ich inzwischen zu einer echten Miriam S. Wer weiß, vielleicht nimmt die Geschichte dann auch einen ganz anderen Lauf…«

Tabu

Es gibt zahlreiche Tabus im Zusammenhang mit Liebeskummer. Themen also, die selten offen angesprochen werden, weil die Betroffenen fürchten, auf Unverständnis zu stoßen. Arbeitsunfähigkeit durch Liebeskummer etwa, Rachegedanken oder anhaltendes sexuelles Desinteresse nach einer Trennung. Das mit Sicherheit größte No-Go ist jedoch der Vergleich von Liebeskummer und Tod. Die Dimension und der Ernst des einen habe mit der Dimension und dem Ernst des anderen nichts gemein, so die gängige Meinung. Dass die Realität mitunter anders aussieht, zeigt sich nicht nur, wenn ein gebrochenes Herz zum Suizidgrund wird.

Christine und Jess haben unabhängig voneinander dieselben Fragen beantwortet.

Bitte stell dich in ein paar Worten vor.

Jess: Ich heiße Jess, bin 36 Jahre alt und lebe in Baden-Baden. Ich arbeite im kulturellen Bereich und rezensiere nebenbei für verschiedene Medien Bücher. Selbst habe ich auch schon etwas Autobiographisches geschrieben, das hat am Rande mit meiner Liebeskummergeschichte zu tun. Es geht um eine schwere Phase meines Lebens, in der mir meine damalige Freundin sehr geholfen hat. Ich bin lesbisch. Später war sie dann allerdings der Auslöser des Kummers.

Was ist deine Motivation, am Buch-Projekt der Liebeskümmerer teilzunehmen?

Jess: Ich kannte die Liebeskümmerer schon eine ganze Weile, als der Aufruf fürs Buch kam. Ich habe mal darüber nachgedacht, an einer der Reisen teilzunehmen, die ihr anbietet. Das ist dann leider am Termin gescheitert. Aber seitdem hab ich verfolgt, was ihr macht. Es ist ein so tolles Gefühl, dass sich jemand dem ganzen Thema mit der Ernsthaftigkeit annimmt, die es verdient. Ernsthaft, aber nicht fatalistisch, das ist ganz wichtig. So sehe ich es auch. Und deswegen möchte ich meine Erfahrungen beisteuern.

Deine Liebeskummergeschichte ist auf besondere Weise mit dem Thema Tod verbunden – beschreib bitte, warum.

Jess: Ich bin vor vier Jahren an Lymphdrüsenkrebs erkrankt. Ich fühlte mich eine Zeitlang schlapp, hatte ständig Halsweh. Es wurden eine Reihe von Untersuchungen gemacht, und natürlich vermuteten die Ärzte zunächst etwas Harmloses, eine Katzenhaarallergie oder so. Irgendwann lag dann die Diagnose Hodgkin-Lymphom auf dem Tisch, Lymphdrüsenkrebs. Ich saß beim Arzt, und er konnte mir erst mal gar nicht sagen, was das nun für mich bedeutete: Würde ich sterben? Wenn ja, wie viel Zeit blieb mir noch? Oder war das ein heilbarer Krebs? Die ersten Tage in dieser Unsicherheit waren fürchterlich. Erst als nach weiteren Untersuchungen feststand, dass der Tumor noch nicht gestreut und die

Chemo gute Aussichten auf Heilung hatte, kam ich wieder zu mir. Sechs Monate dauerte die Behandlung, und die Frage, ob der Krebs wirklich verschwinden würde, blieb bis ganz zum Schluss. Diese Zeit war wie eine Prüfung. Für meinen Lebenswillen, aber auch für meine Freundschaften und vor allem für meine Beziehung. Gemeinsam haben wir es geschafft, trotz immer wiederkehrender Rückschläge, trotz Übelkeit, Haarausfall, Schwäche und Tagen hinter Mundschutzmasken. Als der Krebs schließlich überstanden war, dachte ich, wenn ich DAS geschafft habe, kann mich nichts mehr umbringen. Aber als meine Freundin sich zwei Jahre später von mir trennte, wurde ich eines Besseren belehrt: Heute würde ich sagen, ich war in dieser Zeit dem Tod näher als während der Chemo. Den Krebs habe ich überlebt, aber der Liebeskummer hätte mich fast umgebracht.

In welcher Situation wurde dir das zum ersten Mal bewusst?

Jess: Das war, als ich an einem Nachmittag zu Hause in meinem Bett lag – wo ich auch während meiner Chemo so unendlich viele Stunden zugebracht hatte. Ich lag dort und dachte über die Trennung nach, darüber, wie meine Freundin neben mir gesessen und gesagt hatte, wir müssten uns trennen, warum wisse sie selbst nicht genau. Sie sagte, ich hätte nie etwas falsch gemacht, es sei allein ihre Schuld. Und ich solle mein Strahlen nicht verlieren. Dann war sie weg. Seit Wochen spielte ich diesen Moment immer und immer wieder im Kopf durch, überlegte, wie ich anders, besser hätte reagieren können. Ob das vielleicht noch etwas rumgerissen hätte. An diesem Nachmittag taten meine Gedanken so weh, dass ich am liebsten aus der Haut gefahren wäre. Ich weinte aus Verzweiflung, weil ich mich so gefangen fühlte. Und mir wurde klar, dass das für mich viel schlimmer war als alle

Schmerzen, die ich während der Krebsbehandlung durchlebt hatte. Während der Chemo hatte ich eine Höllenangst vor dem Tod. Nun aber erschien er mir das erste Mal wie ein Ausweg. Ich habe Selbstmord zwar nie ernsthaft erwogen, aber Gedanken daran schlichen sich nach und nach immer tiefer in mein Leben.

Hast du damals mit jemandem darüber gesprochen?

Jess: Nicht über meine Gedanken zum Tod. Ich wollte niemandem Angst machen und kam mir irgendwie hysterisch vor, obwohl ich es genauso empfunden habe. Gesprochen hab ich aber darüber, dass der Schmerz für mich schlimmer war als die Chemo. Da konnte ich mir ja eine qualifizierte Meinung erlauben. Ich habe meinen Freunden immer versucht zu erklären, dass es etwas ganz anderes ist, ob du in einer Situation steckst, die du einfach nicht ändern kannst, weil sie aus menschlicher Kraft nicht zu ändern ist, wie eben eine Krankheit. Oder ob du an etwas leidest, bei dem du zumindest das Gefühl hast, es läge in deiner Hand, eine Veränderung herbeizuführen. Das ist viel schwerer, der innere Kampf ist so zermürbend. Auch wenn der Schein natürlich trügt. Wenn dich jemand auf diese Art und Weise verlässt, kommt die Liebe nicht zurück, da kannst du noch so sehr warten und beten. Aber die Hoffnung stirbt eben zuletzt.

Heute geht es dir richtig gut. Wie hast du den Schmerz überwunden?

Jess: Ich hatte in dieser ganz schweren Zeit einen Termin zum Routinecheck bei meiner Ärztin, und sie fragte mich irgendwas total Banales, als mir plötzlich wieder die Tränen kamen. Das passierte ein paar Mal am Tag, es brauchte nur einen winzig kleinen Auslöser. Meine Ärztin kennt mich sehr gut. Sie hat mich während der Krebstherapie immer für meinen Optimismus gelobt und für meinen Humor. Sie sah mich nachdenklich an und sagte nur: »Sie weinen mir ein bisschen zu viel ...« Dann verschrieb sie mir ein Antidepressivum. Im ersten Moment war ich total wütend. Noch vor wenigen Monaten war ich ein fröhlicher, glücklicher Mensch gewesen, und nun sollte ich Psychopharmaka brauchen? Geschluckt habe ich sie dann aber doch – und heute bin ich mir sicher, dass das meine Rettung war. Und ich finde es total okay. Gegen den Krebs habe ich schließlich auch Schmerzmittel genommen. Als der Himmel über mir nach einigen Wochen wieder blau aussah und die Sonne mir nicht mehr zu grell war, passierten ein paar schöne Dinge in meinem Leben, die meinen Weg festigten. Mein während der Krebserkrankung geschriebenes Buch wurde veröffentlicht, und ich traf ein paar ganz besondere Menschen. Ich erinnere mich noch genau an den Moment, als ich das erste Mal wieder Tränen lachte, anstatt sie zu weinen! Da wusste ich, jetzt war die Therapie erfolgreich, und ich habe die Tabletten bald abgesetzt. Heute glaube ich, wenn man die Schatten des Lebens kennt, strahlt die Sonne heller und die Blumen sind bunter.

(Jess Doenges Buch »Mein Krebs heißt
Leben« erschien 2011 bei Droemer Knaur)

Bitte stellen Sie sich in ein paar Worten vor.

Christine: Mein Name ist Christine, ich wohne in Berlin-Steglitz und bin Rentnerin. Ich treibe gern Sport, gehe wandern und liebe Fernreisen.

Was ist Ihre Motivation, am Buch-Projekt der Liebeskümmerer teilzunehmen?

Christine: Ich bin 77 Jahre alt, und der Auslöser für den schlimmsten Liebeskummer meines Lebens liegt erst ein Jahr zurück. Ich habe bisher nicht darüber gesprochen, weil ich denke, dass es sehr seltsam klingt, in meinem Alter überhaupt noch Liebeskummer zu haben. Ich habe Angst vor den Reaktionen. Und ich möchte im Kreis meiner Familie meinem verstorbenen Mann auch kein Unrecht tun. Meine Erfahrungen nun für Ihr Buch zu erzählen, sehe ich als Möglichkeit, anonym, aber öffentlich zu sagen, dass auch Frauen und Männer in meinem Alter unter gebrochenem Herzen leiden. Vielleicht sogar gerade wir.

Ihre Liebeskummergeschichte ist auf besondere Weise mit dem Thema Tod verbunden – beschreiben Sie bitte, warum.

Christine: Es fällt mir sehr schwer, das auszusprechen, deswegen möchte ich etwas vorweg erklären. Wissen Sie, ich wurde 1935 geboren, meinen Mann habe ich 1956 geheiratet, kurz nach meinem 21. Geburtstag. Er war mein erster Freund, und ich war sehr in ihn verliebt. Die jungen Frauen von heute können sich das gar nicht mehr vorstellen, aber in meiner Generation war für mich als Frau nicht vorgesehen, mehrere Männer »auszuprobieren«. Ich habe also nicht in Frage gestellt, ob es richtig war, so schnell zu heiraten. Es war selbstverständlich, wir kannten uns länger als ein Jahr, waren uns körperlich schon näher gekommen. Erst heute weiß ich, dass es vielleicht besser gewesen wäre, auch noch andere Männer zu treffen und herauszufinden, wer wirklich zu mir passt. So habe ich 50 Jahre meines Lebens mit einem Mann verbracht, der mir ein treuer Ehemann und meinen Kindern ein liebevoller Vater war, den ich irgendwann auf eine tiefe, beinah geschwisterliche Weise geliebt habe und mit dem ich immer gut auskam – aber eigentlich waren wir viel zu unterschiedlich. Als er vor sechs Jahren plötzlich an einem Herzinfarkt starb, war ich fürchterlich allein. Lange fühlte ich mich überfordert davon, mein Leben eigenständig organisieren zu müssen. Doch als es mir besserging, begegnete mir ein anderer Mann. Durch ihn erfuhr ich, wer ich wirklich bin. Er brachte Seiten an mir zutage, die ich längst vergessen hatte. Gemeinsam machten wir uns daran, die Welt zu erkunden, waren auf jedem Kontinent unterwegs. Es war wie ein Rausch. Davor war ich über 70 Jahre immer nur in Deutschland, mein Ehemann hasste Reisen, also habe auch ich verzichtet.

Wenn Sie mich nun nach meinen Gedanken zum Thema Liebeskummer und Tod fragen, möchte ich Ihnen sagen, Frau Sohn: Als sich diese zweite und so andersartige große Liebe in meinem Leben nach nur anderthalb Jahren von mir trennte, wusste ich schon, wie es ist, wenn ein Partner stirbt. Das Unaussprechliche ist: Ich denke, ich hätte auch ein zweites Mal besser mit diesem Schmerz umgehen können als mit dem Wissen, dass mein Freund in nur hundert Kilometern Entfernung als der Mensch weiterlebte, den ich so liebte. Ich bin 77 Jahre alt und weiß nicht, wie viel Zeit mir noch bleibt. Aber ich habe das Gefühl, mir steht es als Frau (noch dazu in diesem Lebensabschnitt) nicht zu, um einen Mann zu kämpfen. Also schwanke ich ständig zwischen der Einsicht, mich der Situation beugen zu müssen, und der Sehnsucht, über meine Grenzen hinauszugehen. Aber es wäre aussichtslos. Seine Ehefrau ist pflegebedürftig geworden, und er hat nach fast zehn Jahren getrennter Wege entschieden, zu ihr zurückzukehren und sich um sie zu kümmern. Ich verstehe das. Ich finde sogar, dass es für ihn spricht. Aber in traurigen Stunden verzage ich an der Frage, ob ich vor meinem Tod noch einmal die Chance bekommen werde, in der Liebe glücklich zu sein. Wenn jemand stirbt, muss man sich damit abfinden. Wenn jemand geht, muss man loslassen. Vor dem Hintergrund meines Alters fällt mir das sehr schwer.

In welcher Situation wurde Ihnen das zum ersten Mal bewusst?

Christine: Als mir klar wurde, wie *verzweifelt* ich bin. Ich saß an einem Abend auf meinem Sofa, der Fernseher lief, und ich weinte. Aber es war ein anderes Weinen, als ich es von mir in den letzten Jahrzehnten kannte. Ich weinte, wie ich es als kleines Mädchen getan habe. Bekam schwer Luft, schluchzte, mein ganzer Körper bebte. Auch als mein Mann starb, habe ich viele Tränen vergossen. Aber das waren »erwachsene« Tränen der Trauer, der Rührung und des Mitleidens über seinen schmerzhaften Tod. Irgendwann versiegten sie und wichen der Dankbarkeit über unsere gemeinsamen Jahre. Ich schloss Frieden mit der Situation, nichts anderes blieb mir übrig, es war ja höhere Gewalt. Ich weiß, wie egoistisch das klingt und dass viele Menschen den Kopf über mich schütteln werden, und doch: In diesem Augenblick auf dem Sofa überkam mich der Gedanke, dass es mir lieber wäre, wenn die Dinge wieder so klar und unabwendbar sein könnten. Natürlich hätte ich meiner zweiten Liebe niemals den Tod gewünscht, um Himmels willen! Aber ich will einfach zugeben, dass mir solche Sachen durch den Kopf gingen.

Haben Sie mit jemandem darüber gesprochen?

Christine: Nein, mit niemandem. Weder darüber, wie schlecht es mir ging, noch über diese anderen Gedanken.

Heute geht es Ihnen wieder gut. Wie haben Sie den Schmerz überwunden?

Christine: Es wundert mich nicht, dass Sie nach unserem Telefonat den Eindruck haben, dass es mir gutgeht, Frau Sohn. Ich habe es ja genau so gesagt. Ich bin so sehr daran gewöhnt, meinen Kummer zu verstecken, dass ich selbst Ihnen gegenüber nicht anders konnte. Schriftlich fällt es mir leichter. Eigentlich geht es mir nicht gut. Besser durchaus. Ich versuche, mich auf die vielen anderen schönen Dinge in meinem Leben zu konzentrieren, gesellige Stunden mit Bekannten zu verbringen, meine Kinder öfter zu sehen (ich denke, hinter meinem Rücken sorgen sie sich darüber, dass ich abgebaut habe). Aber es gibt diese schlimmen Augenblicke. Um sie erträglicher zu machen, stelle ich mir vor, dass es vielleicht doch noch ein Wiedersehen gibt. Vielleicht kommt er zu mir zurück, wenn seine Frau ihn nicht mehr braucht, irgendwann. Hoffentlich bald. Dann möchte ich wieder mit ihm auf Reisen gehen.

Player

Felix, 35 Jahre

In den Wochen des Schreibens an diesem Buch war ich zum 33. Geburtstag einer alten Schulfreundin in Hamburg eingeladen. Es gab Fondue für fast zwanzig Personen. Ich kannte ihre Hamburger Freunde nicht und sie mich genauso wenig, weshalb ich während des Essens relativ schnell gefragt wurde, was ich denn beruflich so treibe. Ich erzählte von meinem Buch, und sofort entstand unter den Gästen ein lebhaftes Gespräch über Herzschmerz im Allgemeinen wie auch im Speziellen. Nachdem ich zwei oder drei der krassesten Liebeskummer-Fälle aus dem Freundeskreis gehört hatte, fragte eine nette Blonde in die Runde: »Erinnert ihr euch noch an Felix mit den blauen Augen?« Damit löste sie unter den Anwesenden große Heiterkeit aus. Mehr noch unter den Frauen als unter den Männern, so schien es.

»Abgesehen von Brad Pitt der einzige Typ, wegen dem fast jede von uns mal Liebeskummer hatte!«, lachte meine Freundin und warf ihren weiblichen Gästen einen vielsagenden Blick zu. »Was ihr mit dem bloß alle hattet …«, sagte einer der Jungs. »Was auch immer es war, es dauerte maximal eine Nacht«, schmunzelte die Blonde. Nun war ich gespannt. »Wer ist das, Felix mit den blauen Augen?« Meine Freundin ergriff das Wort. »Das war so ein Typ aus der Hamburger Szene. Vor sechs oder sieben Jahren war der auf jeder Party, jeder kannte ihn, und er kannte alle Türsteher. Der fiel auf, weil er ziemlich attraktiv war – und er hatte halt diese krass blauen Augen.« Meine Tischnachbarin nickte: »Mit denen guckte der dich beim Reden an, als wärst du die spannendste und tollste Frau auf der Welt. Ich hab mich mal in einem Club drei Stunden lang mit ihm unterhalten. Es war gar nicht möglich, sich *nicht* in den zu verknallen.« »Ey, spinnst du?« Ihr Freund, der noch einen Stuhl weiter saß, verpasste meiner Tischnachbarin einen kräftigen Knuff in die Seite. Alle lachten.

»Tja, mit Felix gab es nur ein Problem«, schaltete sich meine Freundin ein. »Der interessierte sich für keine Frau länger als für eine Nacht. Er kam gern mit zu dir nach Hause, aber spätestens am nächsten Morgen warst du für ihn Vergangenheit. Was der in Folge solcher Nächte an verzweifelten SMS und Anrufen bekommen hat, will man gar nicht so genau wissen. War ihm aber offensichtlich egal, der hat dann einfach auf stumm geschaltet. Wenn du ihm später noch mal begegnet bist, war er höflich, aber distanziert. Natürlich hatte sich das irgendwann unter uns Mädels rumgesprochen, aber es gab immer wieder eine, die dachte, bei ihr wär alles anders.« »Und hat er die Frauen dann *richtig* abgeschleppt?«, wollte ich wissen. Die Blonde zwinkerte mir zu: »Vermutlich alle. Bis auf alle, die hier am Tisch sitzen, versteht sich …« Ich musste schmunzeln. »Natürlich!«

»Eigentlich«, überlegte meine Freundin, »würde ich das ja auch mal total interessant finden. Liebeskummer zu haben ist die eine Sache. Aber wie fühlt sich einer, der ständig Herzen bricht? Ich kann mir gar nicht vorstellen, wie man so drauf sein kann.« Meine Tischnachbarin grinste und guckte mich an: »Sag mal, kannst du den Typen nicht interviewen?« Ich stutzte. »Na ja, eigentlich mach ich das nicht, die Leute melden sich ja bei mir. Und ob jetzt ausgerechnet so einer

Lust hat, mit mir zu reden …« »Die Kontaktdaten würde ich rausfinden, das wär's mir wert«, warf die nette Blonde ein. Die anderen Frauen am Tisch waren sichtlich begeistert. Also dachte ich kurz nach. »Okay«, entschied ich dann. »Versuchen kann ich es. Aber ich brauche eine E-Mail-Adresse oder Postanschrift, keine Handynummer. Ich erkläre ihm alles schriftlich, so dass er in Ruhe überlegen kann. Und ich muss sagen dürfen, von wem ich das habe.« Meine Freundin prüfte die Resonanz aus der Runde und hob dann ihr Glas. »Okay. Darauf stoßen wir an! Ist das spannend!«

Innerhalb der nächsten 24 Stunden fand die Hamburger Clique heraus, wie ich Felix erreichen konnte. Zurück in Berlin, setzte ich mich an meinen Schreibtisch und verfasste eine E-Mail. Darin schrieb ich ausdrücklich, dass ich mir der Ungewöhnlichkeit meiner Anfrage bewusst sei und im Falle seines Nichtantwortens nie wieder ein Wort über ihn verlieren würde. Umso überraschter war ich, als schon am selben Abend eine Reaktion auf meinem iPhone ankam.

»hey elena, danke für deine nachricht – die ist wirklich ungewöhnlich. ehrlich gesagt bin ich sogar etwas geschockt. so haben deine bekannten über mich gesprochen? es gab zwar mal so eine phase in meinem leben, aber ich hatte keine ahnung, dass ich mir damals einen dauerhaften (und scheinbar nicht gerade ruhmvollen) namen gemacht habe!? ich fürchte, dass das, was ich dir dazu sagen könnte, inhaltlich überhaupt nicht zu deinem buch passt. das geht in eine ganz andere richtung und ist ziemlich privat. irgendwie haben diese ganzen frauen-geschichten da mit reingespielt, aber eigentlich war was völlig anderes los bei mir. ich wollte keine herzen brechen. wenn du möchtest, erzähl ich dir davon, weil ich dein projekt gut finde. aber es kann sein, dass du unnötig zeit investierst. ich bin bald ein paar tage in berlin, sag mir einfach bescheid, ob du mich treffen willst. viele grüße, felix«

Jetzt war ich zugegebenermaßen noch ein bisschen neugieriger als vorher. Ich antwortete Felix am nächsten Morgen, und wir verabredeten uns für sonntags um 11 Uhr zum Frühstücken in Kreuzberg.

♥ ♥ ♥

Als ich am Café Tomasa ankam, sah ich den Mann, der Felix sein musste, schon vor der Tür stehen. Um den Hals trug er einen dicken Wollschal. Seine kurzen dunklen Haare waren zerzaust, und seine blauen Augen wirklich mehr als auffällig. »Felix?«, fragte ich der Form halber. Er lächelte und gab mir die Hand. »Ja, das bin ich. Hallo!« Wir gingen rein, und er steuerte treffsicher den schönsten Tisch im ganzen Laden an. Unterwegs sprach er eine der jungen Kellnerinnen an. »Sorry, können wir den Platz da drüben nehmen?« Sie nickte. »Ja, gern, ich bin gleich bei Ihnen.«

Zum Warmwerden redeten wir ein bisschen über Berlin im Winter, den Grund für Felix' Besuch in der Stadt und die Liebeskümmerer. Felix klang ruhig und entspannt, aber seine Körpersprache verriet mir, dass er nervös war. Wie der abgebrühte Player, den ich insgeheim erwartet hatte, kam dieser Mann mir gar nicht vor.

Erst nachdem das Frühstück auf dem Tisch stand, kam ich auf den eigentlichen Grund unseres Treffens zu sprechen. Felix exte seinen Espresso und schaute ein paar Sekunden lang in die leere Tasse. »Also, was die Fakten angeht, stimmt, was deine Freundinnen über mich erzählt haben, schon. Das war eine verrückte Zeit damals, und ich bin nicht gerade stolz darauf. Aber Herzen brechen wollte ich definitiv nicht.« Ich nahm mir ein Brötchen, während Felix mich ansah und keinerlei Anstalten machte, mit dem Essen zu beginnen. »Ich war viel zu sehr mit mir selbst beschäftigt, um mir darüber überhaupt Gedanken zu machen.« Schon vor unserem Gespräch hatte ich mir vorgenommen, alles, was Felix erzählte, mehr oder weniger unkommentiert zu lassen. »Und woran lag das?«, fragte ich und nahm den ersten Bissen.

»Erzähl ich dir«, sagte Felix. »Aber mir ist wichtig, dass das nicht wie so 'ne Mitleidsnummer rüberkommt. *Meine Eltern sind schuld, dass ich gestört bin*-mäßig. Das lag alles in meiner Verantwortung, das ist mir klar. Aber ich will versuchen zu erklären, wie es dazu kam, und das hat mit meinem Leben vor Hamburg zu tun.« Ich nickte. » Okay, verstehe. Fang einfach mal an, und wenn ich Zwischenfragen habe, meld ich mich.«

»Eigentlich komm ich aus einem kleinen Ort in Unterfranken«, begann Felix seine Geschichte. »30 000 Einwohner, erzkonservativ, streng katholisch. Der Traum meines Vaters. Wir sind aus Bremen da hingezogen, da war ich drei. Als die Spedition kam, stand meine Mutter in der Küche und weinte. Das ist die deutlichste Erinnerung, die ich an den Umzug habe.« Er schüttelte den Kopf. »Mein Vater hat uns gegen ihren Willen nach Bayern verfrachtet. Bei uns zu Hause galt nur eine Meinung, und das war seine. Ein falsches Getränk im Kühlschrank, der laufende Fernseher, wenn er überraschend heimkam, die *dämlichen* Comics, die unsere Mutter uns im Supermarkt gekauft hatte – Kleinigkeiten konnten ihn innerhalb von Sekunden zum Ausrasten bringen. Meine Mutter tat mir oft leid.« Felix ließ seinen Blick kurz durch den Raum schweifen. »Als Kind hab ich immer nach Möglichkeiten gesucht, ihm aus dem Weg zu gehen. Wenn ich Freunde treffen durfte, ging ich grundsätzlich zu ihnen nach Hause. Und an den Wochenenden verbrachte ich die meiste Zeit in meinem Zimmer, um nicht aus Versehen in die nächste Mine zu treten. Irgendwie war ich meine ganze Kindheit über auf der Hut, das ist schwer zu beschreiben.« Er runzelte die Stirn.

»Richtig schwierig wurde es, als ich durch die Pubertät durch war. Ich sah zu, wie meine Freunde an den Wochenenden ausgingen, Mädchen trafen, Alkohol tranken. Ich selbst musste bis zu meinem achtzehnten Geburtstag jeden Abend um halb zehn zu Hause sein. Mein Vater saß in seinem Wohnzimmersessel und wartete auf mich. Als ich einmal um fünf nach halb noch nicht da war, ist er ins Auto gestiegen und hat mich gesucht. Vor den Augen meiner halben Klasse hat er mich aus der Dorfdisco geschoben.« Felix packte sich mit einer Hand in den Nacken, um mir die unsanfte Geste seines Vaters zu demonstrieren. »Danach hab ich mir nur noch zwei, drei Mal erlaubt zu spät zu kommen, wenn er keine Chance hatte, mich zu finden.« Ich drehte mich ein Stück auf meinem Stuhl, lehnte mich an der Wand an.

»Nach meinem 18. Geburtstag durfte ich an den Wochenenden ab und an länger raus, aber dann musste ich am nächsten Morgen seine Moralpredigt über mich ergehen lassen. *Nur Taugenichtse leben so. Investier deine Zeit sinnvoller. Aus dir wird nie was. Lass die Finger von den Mädchen. Einen Verlierer wie dich will sowieso keine* – die ganze Leier. Er saß einfach nicht mehr nachts, sondern morgens in seinem Sessel, wenn ich nach dem Aufstehen die Treppe runterkam. Ich weiß das echt noch wie heute. Die ersten Stufen bin ich manchmal auf Zehenspitzen geschlichen, um zu gucken, ob er da wartet oder nicht. Wenn ja, bin ich wieder hoch in mein Zimmer, auch mit Hunger und Durst. Um zwei ging er sonntags in den Tennisclub. Im besten Fall bin ich ihm vorher nicht unter die Augen getreten, und abends hatte er sich in der Regel beruhigt.« Felix machte eine kurze Pause und bestellte noch einen Espresso. Dann setzte er neu an.

»Du kannst dir vorstellen, dass es mir nicht so leicht fiel, Mädchen kennenzulernen, auch weil mein Vater mir immer eingeredet hat, wie minderwertig ich wäre. Das erste Mal hab ich mich mit 21 getraut, die Schwester eines Freundes mit zu uns nach Hause zu bringen, in die ich ziemlich verknallt war. Aber das mit uns war wieder vorbei, bevor es überhaupt angefangen hatte. Mein Vater bekam beim Essen einen seiner cholerischen Anfälle und nannte sie eine *unerzogene Göre*, weil sie ihm ein *Widerwort* gegeben hatte. Dann bekam sie *Hausverbot*.« Felix' Lachen klang bitter. »Dank seiner strengen Ausgehregeln hatte ich kaum eine Chance, außerhalb meines Elternhauses Erfahrungen zu sammeln. Während die anderen all das erlebt haben, was man in dem Alter normalerweise erlebt, passierte bei mir also weiterhin sozusagen überhaupt nichts.«

»Warum bist du nicht ausgezogen, mit 21?«, wollte ich wissen. »Hab ich mal versucht, drei Monate lang während des Studiums. Aber mein Vater hat mich finanziell natürlich null unterstützt, ich sollte ja zu Hause unter seiner Fuchtel bleiben. Bafög bekam ich nicht, weil er zu gut verdiente. Also musste ich nebenbei so viel arbeiten, dass ich in der Uni nicht weiterkam. Am Ende hab ich beschlossen, in den sauren Apfel zu beißen und weiter bei meinen Eltern zu wohnen, um den Abschluss so schnell wie möglich in der Tasche zu haben und dann ein für alle Mal abzuhauen.« Felix blickte vor sich auf den Tisch. »Das war so eine unglaubliche Schmach, da wieder vor der Tür zu stehen. Von dem Moment an hat mein Vater mich seine Genugtuung echt bei jeder Gelegenheit spüren lassen. Ich krieg heute noch Hassgefühle, wenn ich daran denke.« »Ja, verstehe«, sagte ich und verstand wirklich. Als Felix wieder aufblickte, lächelte ich ihn an. Er fuhr sich mit der Hand durch sein zerstrubbeltes Haar.

»Als ich dann 2004 endlich nach Hamburg kam, war ich

26 und wollte all das nachholen, was mein Vater in den zehn Jahren davor verhindert hatte. Alkohol, Party, Frauen.« »Drogen?«, fragte ich der Vollständigkeit halber. »Nein, keine Drogen.« Felix griff jetzt endlich das erste Mal in den Brotkorb. »Dafür den Rest umso schlimmer, und das war die Phase, in der deine Freundinnen mich kennengelernt haben.« »Beschreib mal. Wie kann ich mir das genau vorstellen?«, hakte ich nach. Ich hatte das Gefühl, dass ihm unser Gespräch jetzt etwas unangenehm wurde. »Na ja, ich war an vier, fünf Abenden in der Woche unterwegs. Partys, Clubs, manchmal auch nur irgendeine Bar.« »Und tagsüber warst du arbeiten?« »Am Anfang noch, ja. Aber das ging keine drei Monate gut. Also hab ich gekündigt und stattdessen Promo- und Messejobs gemacht, tageweise oder auch mal 'ne Woche am Stück.« Vor meinem geistigen Auge sah ich sofort den Ärger aufziehen, den Felix sich dadurch mit seinem Vater eingehandelt haben musste. »Das war natürlich total dämlich«, fuhr er fort, »aber das Feiern war wie ein Rausch. Ich hatte das erste Mal in meinem Leben das Gefühl, wirklich frei zu sein. Frauen interessierten sich plötzlich für mich, und ich konnte einfach mitmachen, wenn mir danach war! Das ist, glaub ich, schwer nachvollziehbar, aber für mich war es nach all den Jahren das Paradies auf Erden. Ich hatte so einen Nachholbedarf, dass ich einfach nicht genug kriegen konnte. Also hab ich nachts gelebt und tagsüber geschlafen, um abends wieder fit zu sein.« Und als hätte er meine Gedanken gelesen, fügte Felix hinzu: »Den Kontakt zu meinem Vater hab ich in der Zeit auf ein Minimum reduziert. Ich hätte mir gewünscht, dass meine Mutter mich mal in Hamburg besucht, aber er hat sie allein nicht gelassen. Das macht er noch heute nur ungern.«

Ich seufzte. »Okay. Darauf, was heute ist, würde ich später gern zu sprechen kommen. Aber noch mal zurück zu den

Frauen ...« Felix saß nun leicht nach vorn gebeugt am Tisch und stützte sich mit den Unterarmen auf. »Ja«, antwortete er mit fester Stimme. »Das war Scheiße.« »Sagst du heute oder dachtest du damals?« »Irgendwie beides. Ich weiß, das klingt nicht besonders glaubwürdig, aber ich hab mich selbst auch nicht gut gefühlt nach solchen Nächten. Manchmal hab ich morgens neben irgendeiner wildfremden Frau gelegen und mir gewünscht, ich wäre verliebt. Aber das passierte einfach nicht. Also bin ich nach Hause gefahren und hab mich in mein eigenes Bett gelegt, bis ich abends wieder losziehen konnte. Das ging fast drei Jahre lang so.« Er räusperte sich. »Ganz schön armselig, oder?« Ich schüttelte den Kopf. »Klingt für mich eher ganz schön traurig. Und einsam.« »Hm. Ja, das war ich wahrscheinlich«, antwortete Felix. »Aber ich war nicht im Ansatz bereit, mich wirklich auf jemanden einzulassen, auch wenn ich das damals nicht hätte benennen können. Ich war einfach getrieben. Also hab ich das so lang durchgezogen, wie ich brauchte, um mich neu zu erfinden und die Vergangenheit abzuschütteln. Jedenfalls kommt es mir heute so vor. Durch diese Jahre bin ich ein ganz anderer Mensch geworden. Dass ich unterwegs so vielen Frauen weh getan habe, tut mir leid. Es ging echt ausschließlich um mich.« Er rieb sich die Augen. »Krass, das klingt schlimm, wenn man es laut ausspricht.« Ich atmete tief durch. »Und warum diese seltsame Masche, nie mehr als eine Nacht mit ein und derselben Frau zu verbringen?« Felix zuckte mit den Schultern. »Weil ich nicht wollte, dass irgendjemand Ansprüche an mich stellte. Ich fand, das war die einfachste Möglichkeit, das zu verhindern.« Während ich noch überlegte, was ich dazu sagen sollte, fügte Felix hinzu: »Das alles tut mir echt leid. Aber viele Frauen haben es mir wirklich ziemlich leicht gemacht. Die müssen doch gemerkt haben, dass bei mir nichts zu holen war. Ich hab ja nie irgendwas anderes vorgetäuscht. Aber das wollten die meisten einfach nicht sehen, glaube ich.« Fragend schaute er mich an.

»Verstehe«, sagte ich und meinte es so. Felix schien erleichtert. »Und wie hältst du es inzwischen?«, fragte ich dann. »Ich bin seit vier Jahren mit meiner Freundin zusammen, hab mich selbständig gemacht, und die Partyszene kommt ohne mich aus …«, antwortete Felix und bestätigte damit meinen ersten Eindruck. »Dann musst du ja mit deiner Eine-Nacht-Regel gebrochen haben?« Felix lachte. »Ja. Irgendwann war ich gesundheitlich an einem Tiefpunkt. Da wusste ich, es geht nicht mehr weiter wie bisher. Es war genug. Ich hab mich etwas zurückgezogen, und genau in dem Moment ist Sanne in meinem Leben aufgetaucht. Übrigens ganz klassisch, im Supermarkt. Zwischen Obst- und Gemüsetheke war ich endlich so weit.« Schön, das gefiel mir.

»Und was ist mit deinen Eltern?«, wollte ich wissen. »Mit meinem Vater hab ich gebrochen. Als ich im Kopf endlich alles klar hatte, bin ich hingefahren und hab ihm meine Meinung gesagt. Er saß in seinem bescheuerten Sessel und hat keine Miene verzogen. Aber das war egal. Ich konnte mit ihm abschließen, das war entscheidend.«

»Und deine Mutter?« »Sie kommt bald endlich mal wieder zu Besuch. Ich würde mir für sie wünschen, dass auch sie es schafft, sich zu trennen, aber so richtig kann ich mir das noch nicht vorstellen.« »Redet ihr denn darüber?« Felix nickte. »Schon, aber das ist nicht leicht.« Er machte eine kurze Gedankenpause. »Denkst du, du wirst über mich schreiben?« »Ja, definitiv.« Er hob die Augenbrauen, aber ich sah, dass er sich freute. »Okay, ich habe nämlich überlegt, ob ich meiner Mutter dein Buch dann vielleicht zu lesen gebe. Unsere Geschichte schwarz auf weiß, das könnte gut sein.« Die Idee gefiel mir. »Und ich bin gespannt, was die Hamburgerinnen zu alledem sagen.« Felix guckte mich an. »Ja, ich auch …

Irgendwie bin ich richtig froh, dass ich die Gelegenheit habe, das auf diesem Weg aufzuklären und mich zu entschuldigen. Die Chance kriegt ja nicht jeder.« Seine blauen Augen lächelten.

... und was ist Ihr Tipp gegen Liebeskummer?

»Mir hilft gegen Liebeskummer, möglichst viel Zeit mit wirklich guten alten Freunden zu verbringen. Sie kennen mich und meine Lebensgeschichte, und bei Ihnen darf ich so viel erzählen, wie ich möchte, oder auch schweigen, wenn mir danach ist.«
  Heide, 50 Jahre

»Mich hat der Gedanke getröstet, dass vielen Menschen auf der Welt das Gleiche passiert und dass es immer wieder passieren wird, weil Menschen eben so sind.«
  Sibylle, 31 Jahre

»Ich gehe viel auf Live-Konzerte. Die Schwingung der Musik überträgt sich auf den Körper, das hebt meine Stimmung.«
  Doris, 50 Jahre

»Ich kann zumindest ganz sicher sagen, was nicht hilft: dumme Sprüche. *Andere Mütter haben auch schöne Töchter. Die Zeit heilt alle Wunden* ... Blablabla. In ein Ohr rein und aus dem anderen wieder raus. Die anderen meinen es ja nur gut.«
  Thomas, 33 Jahre

»Wenn dein Herz leidet, gönn dir Gutes, freu dich an den kleinen Dingen, atme tief durch ... und dann leg los und lebe wieder ... für dich!«
  Katharina, 37 Jahre

Zurückgewonnen

Alina, 30 Jahre

Alina war sich nicht sicher, ob ihre Geschichte zu diesem Buch passt. Gemeldet hat sie sich zum Glück trotzdem, an einem Abend im Spätsommer 2012. »In den meisten Fällen ist es bei Liebeskummer doch bestimmt besser loszulassen«, schrieb sie in ihrer Mail und: »Ich möchte niemandem falsche Hoffnungen machen.« Anderthalb Jahre zuvor habe sie nach einer Trennung sehr schlimmen Liebeskummer gehabt. Sie würde uns gern davon berichten, wenn sie anderen damit helfen könne. Es gäbe nur ein »Problem«: Ihr Liebeskummer mündete in einem Happy End – mit dem Ex. Auch das kommt vor, antwortete ich ihr, und was mich und bestimmt auch die Leser wirklich interessieren würde, wäre der Weg dorthin. So kam es, dass wir ein paar Tage später miteinander sprachen.

Alina lernte Martin mit 23 Jahren während ihres BWL-Studiums kennen. Die beiden besuchten mehrere Lehrveranstaltungen zusammen, und der große, sportliche Kommilitone fiel ihr von Anfang an wegen seiner ruhigen, besonders freundlichen Art auf. Als er eines Tages auf sie zukam und sie geradeheraus fragte, ob sie Lust hätte, sich mal außerhalb der Uni mit ihm zu treffen, freute Alina sich sehr. Sie verbrachten Zeit miteinander, erst wenig und dann immer mehr, bis sie schließlich ganz selbstverständlich ein Paar waren. Spielchen und Halbverbindlichkeiten, wie Alina sie bei anderen Männern erlebt hatte, gab es zwischen Martin und ihr nicht. Was auch immer sie beide betraf, wurde von Anfang an offen auf den Tisch gelegt: die großen Gefühle genau wie die kleinen Probleme des Alltags. Das fühlte sich gut an und richtig. Es vergingen über fünf Jahre, vier davon in einer gemeinsamen Wohnung.

Dann, eines Abends, Alina kam gerade vom Sport nach Hause, bat Martin sie, sich zu ihm aufs Sofa zu setzen. Zu diesem Zeitpunkt war er 30, Alina fast 29 Jahre alt. Sie arbeitete in einer Unternehmensberatung, er im Controlling eines großen Konzerns in ihrer gemeinsamen Heimatstadt. Das hier könne nicht alles sein, begann Martin das Gespräch. Heiraten, Hausbau, Kinderplanung – es müsse doch mehr geben als das, was alle täten. Er sei unglücklich. Habe Angst, etwas zu verpassen. Angst vor einem 08/15-Leben. Er hätte Alina nicht unnötig belasten wollen, deswegen habe er bisher nichts gesagt – so lang, bis er eine Entscheidung getroffen habe. Heute, vorhin. Er habe beschlossen, sich von ihr zu trennen, sagte Martin.

Alinas Zukunftspläne zerfielen binnen Sekunden in tausend Stücke. Während Martin sprach, hatte er sie fest angesehen, war ihrem Blick nicht ein Mal ausgewichen. In seinen Augen sah sie Aufrichtigkeit, sie sah seinen Schmerz und seine Panik. Und sie konnte verstehen, was er fühlte. Martin war ihr erster fester Freund, und natürlich hatte auch sie schon mal darüber nachgedacht, dass sie beide sich sehr jung aufeinander festgelegt hatten. In ihrem Bekanntenkreis waren sie die einzige Konstante. Bei den anderen kamen und gingen die Partner, jede Menge Erfahrungen wurden gesammelt. Doch Alina fehlte im Hier und Jetzt überhaupt nichts. Daher war es immer bei theoretischen Überlegungen geblieben.

Es gab keine Diskussion an diesem Abend, sondern nur sehr viele Tränen. Und auch am nächsten Tag startete Alina keinen Versuch, Martin umzustimmen. Sie wusste, das hätte er ihr niemals leichtfertig angetan. Er musste sich seiner Sache vollkommen sicher sein, und das wollte sie respektieren. Folglich gingen die beiden die nächsten Schritte an: Sie stornierten den Sommerurlaub, kündigten ihren Mietvertrag und machten sich auf die Suche nach zwei kleineren Wohnungen. Gemeinsam. Das war so unwirklich, dass Alina jedes Mal, wenn sie mit Martin und dem Makler in einem der Single-Apartments stand eine Weile brauchte, um zu begreifen, dass sie sich nicht in einem schlechten Traum befand, . In Ruhe suchten sie so lang, bis sie nach einigen Wochen für jeden ein schönes Zuhause gefunden hatten. Dann kam der Umzugswagen und setzte vormittags Martins, nachmittags Alinas Möbel ab. Erst als die Wohnungstür hinter Martin und den Spediteuren ins Schloss gefallen war, brach Alina das erste Mal richtig zusammen.

In den folgenden Monaten stellte sich heraus, dass *getrennt zu sein* viel schwerer war, als sich zu trennen. Alle paar Tage sprachen Martin und Alina sich am Telefon – zunächst noch wegen praktischer Dinge. Doch bald schon war beiden klar, dass das nur ein Vorwand war. Dann trafen sie sich, sprachen darüber, wie sie sich fühlten. Martin war nach wie vor von der Trennung überzeugt, auch wenn Alina ihm fehlte. Sie vereinbarten einen Kontaktabbruch auf unbestimmte Zeit, um sich wirklich voneinander lösen zu können. Das ging zwei Wochen gut. Bis Martin sich Sorgen machte und doch noch mal horchen wollte, wie es Alina inzwischen ging. Nun startete das Telefonieren erneut, wurde immer regelmäßiger, und irgendwann kam es zum nächsten Treffen mit gleichem Ausgang wie beim vorherigen Mal. Anschließend war es Alina, die nach vierzehn Tagen das Schweigen nicht mehr aushielt, so dass das Spiel von vorne begann. Es gelang den beiden einfach nicht, einander loszulassen. Alina schwankte zwischen Hoffen, Bangen und Warten – ein ganzes Jahr lang ging es hin und her.

Sie steckten gerade wieder mitten in einer ihrer Kontaktphasen, als Alina an einem Dezemberabend im Auto auf dem Weg nach Hause war. Es schneite, und die Stadt war voll von Menschen, die große Einkaufstüten mit Weihnachtsmotiven durch die Gegend trugen. Der Verkehr floss zäh, aber das störte Alina nicht. Als sie vor einer Fußgängerampel zum Stehen kam und in die Gesichter der vielen Fremden sah, die teils allein, teils mit Freunden, Kindern oder als Paar unterwegs waren, begannen im Radio die ersten Takte eines neuen Songs. Eine Akustik-Gitarre spielte eine Reihe von wehmütigen Akkorden. Alina drehte lauter. Eine Frauenstimme sang.

»I don't wanna be the one to say goodbye. But I will, I will, I will. Cause maybe in the future you're gonna come back around. Oh the only way to really know is to really let it go. If you have the last hands that I want to hold then I've got to let them go. I still feel you on the right side of the bed, I still feel you in the blankets over my head. And I'm gonna wash away everything till you come home to me. Cause maybe in the future you're gonna come back around.«

(Ingrid Michaelson, *Maybe*)

Die Worte trafen Alina mitten ins Herz. Was Martin und sie in den vielen Monaten seit ihrer Trennung getrieben hatten, war eine Zeitlang okay gewesen. Aber jetzt führte es zu nichts mehr. Im Gegenteil. Plötzlich war der Moment da, vor dem sie sich die ganze Zeit so gefürchtet hatte: Sie spürte, dass sie Martin wirklich gehen lassen und selbst Abschied nehmen musste, wollte sie irgendwann wieder unbeschwert und glücklich sein – mit ihm oder mit einem anderen Mann. Tränen schossen ihr in die Augen. Sie weinte noch, als der Song schon lang vorbei war und sie den Wagen vor ihrer Haustür parkte. Dann beruhigte sie sich, rief Martin an und bat ihn, sich nicht mehr bei ihr zu melden.

Von jetzt an blieb Alinas Handy stumm, und auch auf anderem Wege versuchte Martin nicht mehr, sie zu kontaktieren. So, wie sie damals seine Entscheidung respektiert hatte, erkannte er den neuen Ernst ihrer Bitte und hielt sich daran. Gleichzeitig wurde Alina aktiv. Sie nahm sich einen ganzen Samstag lang Zeit, um ihre Wohnung von gemeinsamen Erinnerungen zu befreien: Fotos, Briefe und Geschenke ließ sie in eine große Kiste wandern – jedoch nicht, ohne jede dazugehörige Geschichte noch einmal Revue passieren zu lassen. Alina weinte von morgens bis spät in den Abend. Doch als sie alles im Keller verstaut hatte und um Mitternacht völlig erschöpft ins Bett fiel, wusste sie, dass der nächste Tag besser beginnen würde als all die Tage zuvor. In einem Zuhause, in dem nicht an jeder Ecke ein Stich ins Herz auf sie wartete. Dann kaufte sie sich Liebeskummer-Bücher von erfahrenen Psychologen und versuchte, deren Ratschläge zu befolgen. Eine Passage, die sie auf besondere Weise berührte, tippte sie ab und klebte sie an den Badezimmer-Spiegel:

»Verluste und Abschiednehmen sind Bestandteile des Lebens. Sie sind kein Ausdruck von Bestrafung, sondern lediglich Ausdruck des Lebens auf dieser Welt. Solange ich lebe, werde ich von Zeit zu Zeit kleine und große Verluste erleben. Einige werde ich schnell vergessen, andere werden mein gesamtes Leben beeinflussen. Ich kann wählen, den Verlust anzunehmen oder mit dem Schicksal zu hadern. Ich entscheide mich dafür, ihn anzunehmen, denn Hadern und Hass sind keine angenehmen Gefühle. Ich kann es

*schaffen, meine Trauer zu durchleben und am Ende des Weges
stehen wieder erwachende Lebensfreude und die Entdeckung
neuer Chancen.«*

(Doris Wolf, *Wenn der Partner geht ...*,
PAL Verlagsgesellschaft Mannheim)

So beschloss Alina jeden Morgen beim Zähneputzen neu,
ihre Trennung zu akzeptieren und nach vorn zu blicken. Und
jeden Morgen überlegte sie, was sie machen konnte, um sich
etwas Gutes zu tun. Mal borgte sie sich den Hund einer
Freundin für einen langen Spaziergang, mal verbrachte sie
Zeit mit ihren kleinen Nichten oder ließ sich nach der Arbeit
ein Bad ein und schaute auf dem Laptop ihren Lieblingsfilm.
Natürlich dachte sie immer wieder an Martin und weinte.
Manchmal fiel es ihr schwer, sich nicht bei ihm zu melden. Sie
ließ diese Gefühle zu, hatte sich aber geschworen, ihnen nicht
nachzugeben. Es vergingen drei Monate, bis Alina feststellte,
dass ganz allmählich wieder andere Themen für sie in den
Vordergrund rückten. Sie freute sich und war auch ein wenig
stolz.

Nun kam der Frühling. Mit Freundinnen saß Alina an
den sonnigsten Plätzen in Straßencafés, kaufte Klamotten
und legte sich einen neuen Haarschnitt zu, obwohl ihr das
fast ein bisschen klischeehaft erschien. Doch sie fühlte sich
tatsächlich verändert, als hätte das Tal der hinter ihr liegen-
den Monate sie reifer und ausgeglichener gemacht. Außerdem stand ihr dreißigster Geburtstag vor der Tür. In jedem
Fall kam die neue Frisur bei den Männern gut an: Alina hatte
plötzlich mehrere Verehrer. Sie genoss den Zuspruch, ließ
sich aber auf nichts ein. So weit war ihr Herz noch nicht.

Die letzten Julitage brachten eine kurze, aber heftige Hit-
zewelle. Das Thermometer zeigte knapp 32 Grad, als Alina
samstagabends mit einer Freundin auf dem Weg zum Grill-

fest eines Trainers aus dem Sportclub war. Seine jährliche Gartenfeier mit fast hundert Gästen stand in dem Ruf, ein Riesenspaß zu sein, und die beiden jungen Frauen waren gespannt. Gut gelaunt standen sie schon bald mit dem ersten Glas Sprizz in der Hand bei einer größeren Gruppe, es wurde viel gelacht. Als Alinas Blick irgendwann Richtung Eingang fiel, durchfuhr Adrenalin ihren Körper wie ein Blitz: Martin betrat das Grundstück mit ein paar Freunden. Es hatte ja irgendwann passieren müssen. Aber hier? Damit hatte Alina nicht gerechnet. Ihr Herz schlug wie wild, und sie wusste nicht, ob sie sich freute oder fürchtete. Erst mal wandte sie sich wieder den anderen zu. Martin hatte sie noch nicht gesehen. Vielleicht würde er wieder gehen, wenn er sie bemerkte.

Sechs Wochen lag dieser Juli-Tag zum Zeitpunkt meines Gesprächs mit Alina schon zurück, doch als sie mir davon erzählte, klang ihre Stimme noch immer ziemlich belegt. Martin war nicht wieder gegangen. Irgendwann hatte er stattdessen hinter ihr gestanden und ihre Hand genommen, als wäre das die naheliegendste Sache der Welt. Er führte sie ein paar Schritte von der Gruppe weg, nahm sie in den Arm, und Alina bekam weiche Knie, auch wenn sie gar nicht verstand, was da geschah. Als sie sich voneinander lösten, hatte Martin Tränen in den Augen. Sie schauten sich schweigend an. Alina hatte gespürt, was jetzt kommen würde, trotzdem erschien es ihr wie ein vollkommen verrückter Traum. Martin bat sie um Verzeihung für seinen Irrtum. Er wünschte sich einen Neuanfang. Und es schien nicht so, als wäre ihm das spontan eingefallen.

Alina war völlig durcheinander. So romantisch das alles auch klingen mochte, ihr fiel die Entscheidung nicht leicht. Tagelang war sie zerrissen zwischen ihren wiederaufkeimenden Gefühlen für Martin und der Angst, noch einmal enttäuscht zu werden. Den ganzen Schmerz erneut durchleben zu müssen. Sie räumte sich Bedenkzeit ein, er wartete. Am Ende ihrer Überlegungen und nach langen Gesprächen mit ihrer engsten Freundin kam Alina zu dem Ergebnis, dass unterm Strich nur eines zählte: Sie vertraute Martin noch immer. Denn auch wenn er sich von ihr getrennt hatte – einen Grund, an seiner Ehrlichkeit und seinem Respekt ihr gegenüber zu zweifeln, hatte er ihr nie gegeben. Sie konnte davon ausgehen, dass er es wirklich ernst meinte. Als sie sich ihrer Gefühle ganz sicher war, schlief sie noch zweimal über ihren Entschluss. Erst dann rief sie Martin an und vereinbarte ein Treffen.

Er war sichtlich nervös, als sie vor ihm stand. Wieder sahen sie sich eine Weile stumm in die Augen. Dann setzte Alina zu sprechen an. Von ihrer Angst. Davon, dass sie vermutlich nie wieder ganz dieselbe sein würde. Dass sie Zeit bräuchte, um sich wieder fallen lassen zu können. Aber dass sie bereit wäre, es zu versuchen. Weil sie noch immer an die Möglichkeit einer gemeinsamen Zukunft glaubte. Martin schwieg einige Augenblicke. Dann fasste er Alina an beiden Händen. »Ich liebe dich«, sagte er. »Sag das noch nicht, bitte«, antwortete sie. »Warum?«, wollte er wissen. »Weil es keinen wertvolleren Satz gibt. Wir sollten ihn erst wieder aussprechen, wenn wir uns ganz sicher sind, auch mit der Verantwortung, die damit verbunden ist.« Martin lächelte. Er hielt noch immer Alinas rechte Hand, als er langsam vor ihr auf die Knie fiel. »Möchtest du meine Frau werden?«, fragte er und zog einen Ring aus der Tasche.

Kurz vor der Abgabe meines Manuskripts bekam ich wieder eine E-Mail von Alina. Martin und sie sind inzwischen verheiratet, schrieb sie. Und wenn dieses Buch erscheinen würde, schon ein paar Monate zu dritt.

Freundschaftsdienst

Franz und Valerie, beide 48 Jahre

Franz bemüht sich am Telefon, Hochdeutsch mit mir zu sprechen. Nur zwischendurch, wenn er etwas erzählt, das ihn besonders aufregt, setzt sich sein Wienerisch durch. Er merkt das meist gar nicht, und ich muss ihn dann bitten, sich zu wiederholen – oft ausgerechnet an den schwierigen Stellen. Franz hat eine üble Geschichte hinter sich, mit einer Frau, die ihn über Monate hinweg betrogen hat. Die Details sprudeln nur so aus ihm heraus. Weil mir nicht ganz klar ist, ob er von alledem schon während der Beziehung wusste oder es erst bei – beziehungsweise nach – der Trennung erfahren hat, frage ich nach. Franz seufzt schwer. Er habe so eine Ahnung gehabt, sagt er, aber wirklich misstrauisch geworden sei er erst, als »die Valerie gmant hoat haus bie-te affoch ausse«. Ich verstehe kein Wort!

»Wer ist die Valerie, und was hat sie gemeint?«, erkundige ich mich also, denn die Frau, von der wir bisher sprachen, heißt Esther. »Die Valerie ist eine ganz alte Freundin«, erklärt mir Franz, und *haus bie-te affoch ausse* bedeutet so viel wie »Schmeiß die Esther bitte einfach raus!«. Ich bin überrascht. »Wie kam die Valerie denn dazu, so was zu dir zu sagen?« Franz stutzt. »Na ja, weil sie gewusst hat, was da abgeht, und da wollte sie mich halt warnen.« Sein Tonfall zeigt mir, dass

er das für unser Gespräch bisher als eher nebensächlich er-
achtet hat. »Wie? Eine Freundin von dir wusste, dass Esther
dich betrügt?«, hake ich nach. »Ja, ja«, antwortet Franz
schnell, »ober sie hot a ned gwusst, wies mas sogn soe.« Diesmal habe ich verstanden – sie hat auch nicht gewusst, wie sie's
ihm sagen soll. Das finde ich wirklich mehr als interessant.
»Franz, ich habe eine Idee«, entscheide ich spontan. »Magst
du die Valerie mal fragen, ob sie bereit wäre, sich mit uns beiden zu treffen? Und dann erzählt ihr mir zusammen noch
mal alles von vorne?« »Klar«, erwidert Franz, »ich ruf sie gern
an.« Und obwohl er etwas erstaunt über meinen Vorschlag zu
sein scheint, treffe ich die beiden schon eine Woche später in
seinem Büro.

Elena: *Liebe Valerie, woher kennst du den Franz?*

Valerie: Der Franz und ich sind zusammen zur Volksschule
gegangen, seit der ersten Klasse. Vor über vierzig Jahren! Der
Franz war immer einer von den Buben, die ich mochte, mit
dem konnte man reden, schon damals. Im Studium haben
wir sogar mal eine Weile zusammengewohnt, also als
Freunde. Wir hatten eine tolle Zeit, Franz, gell? (*Sie lächelt.*)
Später hat der Franz in Wien gelebt und ich in Salzburg, aber
wir haben uns nie aus den Augen verloren.

Franz: Obwohl wir uns wirklich selten gesehen haben in den
letzten zwanzig Jahren. Auch ein Grund, weshalb ich so
happy war, dass die Esther und die Valerie sich gut verstehen.
Das war ein schöner Anlass, öfter zum Mondsee zu fahren.
Die Esther mochten nicht viele Frauen.

Elena: *Du hast deine neue Freundin Esther also deiner alten Freundin Valerie vorgestellt, Franz. Erzählt mal, wie war das?*

Franz: [lacht] Das war an einem Wochenende in Salzburg, die Esther und ich waren gerade erst ein paar Monate zusammen. Ich hab sie in ein tolles Hotel eingeladen und die Valerie gefragt, ob sie am Abend mit uns essen geht. Auf dem Weg zum Restaurant war ich richtig nervös. Valeries Meinung war mir sehr wichtig, und im Wiener Freundeskreis mochten die Frauen die Esther eh nicht. Sie war halt sehr sexy und kam bei Männern gut an. *Wenn die Valerie sie auch nicht mag, dann bleiben wir ziemlich allein,* hab ich gedacht. Das hat mir ehrlich gesagt etwas Angst gemacht. Aber einen besseren Test als die Valerie konnt ich mir nicht vorstellen. Sie ist total selbstbewusst, nicht neidisch oder ängstlich wie viele von den andern.

Valerie: Total selbstbewusst? Ah geh, so denkst du über mich, Franzl? Wie lieb! [grinst] Also, ich war wirklich gespannt. Der Franz hatte mir schon am Handy gesagt, wie wahnsinnig verliebt er sei und wie schön alles wär. Ich hab mich total gefreut, er war vorher fast drei Jahre lang allein. Als ich die Esther dann gesehen hab, war mein erster Eindruck schon: *Oha, schwierig.* Aber weil ich dem Franz so gewünscht hab, dass es gut wird, wollt ich erst mal schaun, was bei ihr so dahintersteckt.

Das Gespräch war dann auch nett, wir arbeiten in einer ähnlichen Branche und hatten uns schon was zu sagen. Am Ende des Abends hab ich einfach gehofft, dass ich mich irre mit meinem unguten Gefühl. Ich weiß noch, am nächsten Tag hast du mich angerufen und wolltest wissen, was ich denke, erinnerst du dich [Franz nickt]? Ganz aufgeregt warst du!

Franz: Ja, weil ich so happy war, dass ihr euch versteht. Du hast gesagt, du freust dich, wie glücklich ich bin und wie schön es war, mich so zu sehen. Das tat einfach gut, nach den Reaktionen in Wien.

Danach war ich noch ein bisschen verliebter in die Esther als vorher, glaub ich [lacht]. Viel später ist mir aufgefallen, dass du damals gar nichts dazu gesagt hast, wie du die Esther findest.

Valerie: Es war ja nur so ein unbegründetes Gefühl. Was hätt ich sagen sollen – *Franz, die gefällt mir nicht?* Während du rosa Herzchen in den Augen hattest? Das hätt ich nicht über mich gebracht! Außerdem hab ich gedacht, so verkehrt kann das nicht sein, wenn sie dich glücklich macht. Abwarten. Vielleicht hatte ich zu der Zeit auch selbst zu viel Pech in der Liebe und Sorge, allmählich zum Stoffel zu werden.

[Franz schüttelt den Kopf]

Elena: *Der Start war also gar nicht so schlecht – aber dein ungutes Gefühl wurde schon bald bestätigt, Valerie …*

Valerie: Ja, auf eine ganz seltsame Art und Weise. Die Esther und ich haben ein paar Wochen nach unserem Kennenlernen ein berufliches Projekt zusammen begonnen. Das ergab sich grad so. Deswegen haben wir dann häufiger telefoniert und natürlich auch mal privat gesprochen. Sie war sehr anhänglich, ich war wohl ihre einzige Freundin. Aber irgendwann ging es los. Da hat sie mir komische Sachen gesagt. Über andere Männer und über den Franz …

Elena: *Hast du mal ein Beispiel?*

Valerie: Ja, klar. Das erste Mal war im Sommer auf einem Riesenfest bei euch in Wien, da ward ihr ungefähr ein Jahr zusammen, gell? [*sie schaut Franz an*]

Franz: [*nickt*]

Valerie: Wir sind zu viert dort hin, der Franz, die Esther, mein neuer Lebensgefährte und ich. Das war ein lustiger Abend, wirklich – bis der Franz mitten im Tanzen zu mir kam und fragte, ob ich wüsste, wo die Esther sei [*sie sieht ihn an*]. Da hattest du schon fast eine halbe Stunde gesucht! Wir sind zusammen los und haben nach ihr geschaut, aber es war da zu groß und unübersichtlich. Zum Schluss, da war bestimmt eine ganze Stunde vergangen, bin ich allein aufs Damen-WC. Da stand sie dann plötzlich vorm Spiegel. Ganz zerzaust, der Lippenstift verschmiert, und sie grinste. Ich bin natürlich gleich auf sie zu. *Wo hast du gesteckt, der Franz sucht dich*, hab ich gefragt und dann gemerkt, sie konnt kaum noch sprechen. [*Sie imitiert eine lallende Stimme*] *Beim Johann. Für den tät ich den Franz sofort verlassen, Valerie, wenn er mich nur wollt*, hat sie gesagt. Ich war total erschrocken. Mir so was zu sagen! Erst mal bin ich nur sprachlos dagestanden und hab überlegt, was ich tun soll. Dem Franz gleich alles erzählen? Oder erst mal abwarten, ob sie es selbst macht? Ich war nicht sicher, wie betrunken sie wirklich war. Und ich wollt nicht die Mücke zum Elefanten machen. Vielleicht redet sie eh nur Schwachsinn, hab ich gedacht. Ich konnt's einfach nicht aus dem Stegreif entscheiden. Sie hat sich die Frisur gerichtet und die Lippen geschminkt und ist raus zu den andern, als wär nichts gewesen. Und ich bin erst mal einfach hinterher.

Franz: Und ich Trottel hab nichts bemerkt, wie ihr wieder bei uns wart …

Valerie: Konntest du nicht, wirklich. Es war unglaublich, wie zuckersüß sie sich an seinen Hals geworfen hat. [guckt mich an] Die wusste, wie sie es anstellt, damit keine Fragen mehr kommen.

Franz: Ja. Hat funktioniert …

Elena: *Hast du sie dann am nächsten Tag zur Rede gestellt, Valerie?*

Valerie: Ich hab's natürlich versucht. Aber sie redete sich raus. Angeblich konnte sie sich nicht mehr erinnern. Ich war auf dem Fest ja auch nicht ganz nüchtern gewesen. Am Ende hab ich wohl versucht zu glauben, ich hätt sie falsch verstanden. Zwischen Franz und ihr schien ja sonst alles gut zu sein. Ich wollt keine Katastrophe heraufbeschwören und hab gehofft, dass das eine einmalige Sache bleibt.

Elena: *Blieb es aber vermutlich nicht …*

Franz: Nein. Ein paar Wochen nach dem Fest kam die Esther abends mal später nach Hause als sonst. So was fällt mir normalerweise gar nicht weiter auf, ich bin da nicht so, aber seit dem Abend damals war ich wohl doch gewarnt. Ich hab sie also gefragt, wo sie gesteckt hat. Sie hat gelacht und gemeint, sie hätte bloß zufällig einen Bekannten getroffen, auf ein Glas Wein in der Stadt. Ihren ehemaligen Autoverkäufer. Das hat mich erst recht stutzig gemacht. *Der läuft am Abend um acht durch die Stadt, obwohl das Autohaus am andern Ende von Wien ist?*, hab ich wissen wollen. Wahnsinn, wie sie das dann abgetan hat, als wär ich total komisch. *Schatzi, ich bin doch da, lass uns nicht streiten, ich lieb eh nur dich* [er imitiert ihre Stimme]. Ich hab dann gesagt, dass ich ihr glaube, aber nicht möchte,

127

dass sie ihn noch mal trifft. Sie hat es versprochen. Danach hatten wir super Sex.

Elena: *Okay. Und wie hast du dann auch davon erfahren, Valerie?*

Valerie: Die Esther hat mich angerufen, schon am nächsten Morgen, und mir brühwarm alles erzählt. Ich wusste gar nicht, wie mir geschieht. Details über den Autoverkäufer hat sie mir zum Glück erspart, aber schon die Art, wie sie von dem und auch vom Franz gesprochen hat, hat mir überhaupt nicht gefallen. Sie wollte mit mir über den Franz lästern. Mit seiner ältesten Freundin [*sie schüttelt den Kopf*]. Ich hab das natürlich total abgewehrt. Danach hatte sich's die Esther mit mir endgültig verdorben.

Elena: *Und hast du dann Franz darauf angesprochen? Das war ja sehr viel konkreter als abends auf dem Fest.*

Valerie: Ja, ich hab ihn angerufen und gefragt, was passiert wär. Aber er hat es runtergespielt und mir gesagt, es gäb kein Problem. Ich sollte mir keine Sorgen machen. Ich hab ihm meine Meinung gesagt, aber beschlossen, mich in Zukunft rauszuhalten. Sich in Beziehungen einzumischen ist eh schwierig, selbst wenn man den anderen in sein Unglück rennen sieht. Da ist Liebe stärker als Freundschaft – am Ende bist du als Freundin die Böse, und dann kannst du gar nicht mehr helfen [*sie sieht Franz in die Augen*].

Franz: [nickt] Ich kann die Valerie schon verstehen, dass sie nichts weiter gemacht hat. Ich wollt's halt nicht hören. Und wir haben einmal was Ähnliches zusammen erlebt und glaube ich beide daraus gelernt.

Elena: *Wie, was habt ihr zusammen erlebt?*

Franz: Ach, wir waren vor zehn Jahren mal Trauzeugen bei einer Hochzeit, vom Tom und von der Veronika. Alte Matura-Kollegen. Nur zwei Jahre nach der Heirat haben die sich so in die Haare gekriegt, dass die Scheidung im Raum stand. Der Tom hat immer bei mir über die Veronika geschimpft und sie bei der Valerie über den Tom. Die Valerie und ich haben uns dann abgesprochen und alles gelenkt, bis die beiden wieder zusammen und glücklich waren. Aber als rauskam, dass wir die Fäden gezogen hatten, wollten sie plötzlich mit *uns* nicht mehr reden [*er lacht, kopfschüttelnd*]. Dabei ist es leider geblieben. Die sind happy – ohne uns. Das war eine schlechte Erfahrung, Valerie, gell? [Er nimmt sie in den Arm]

Valerie: [seufzt] Man kann es noch so gut meinen …

Elena: *Okay, du hast also aus gutem Grund nichts gesagt, Valerie. Was passierte dann?*

Franz: Der Autoverkäufer war natürlich nicht zufällig in der Stadt, und die Esther hatte auch nicht vor, ihn nicht mehr zu treffen. Schon ein paar Tage später hab ich auf ihrem Handy eine Nachricht von ihm gefunden. Wir haben gestritten, aber sie tat so, als könnte sie auch nichts dafür, dass der ihr schreibt. *Okay, dann kannst du ihm ja antworten, er soll sich nicht mehr bei dir melden*, hab ich irgendwann zu ihr gesagt. Ich fand, das wär ein guter Weg, mir zu zeigen, wie ernst sie es meint. Sie hat das dann auch gemacht, und es ging zwei, drei Mal hin und her, bis der Typ es kapiert hat. Währenddessen hat die Esther mir immer wieder gesagt, wie sehr sie mich liebt und dass da nichts läuft. Ich war ein verliebter Trottel, aber ich wollte ihr einfach glauben.

Später hab ich aber die Valerie angerufen und ihr alles erzählt ...

Elena: *Lass mich raten, sie hat gesagt »Haus bie-te affoch
ausse« ...?*

Valerie: [lacht] Hab ich das gesagt?

Franz: Ja, und zwar mehrfach!

Valerie: Hat ja auch gestimmt. Warum hast du's nicht gemacht? [Sie schüttelt Franz im Spaß an den Schultern]

Franz: [stöhnt] ...

Valerie: [seufzt] Tja, die Sache mit dem Handy war für mich
die Bestätigung. Ich hatte so eine Wut auf die Esther! Ich bin
ja auch eine Frau, mir war klar, was sie da spielt. So eine intri-
gante, verlogene Kuh! [Franz runzelt die Stirn] Na, geh, das
darf ich jetzt schon sagen, Franzl! [Er nickt]

Franz: Ja, schon, aber weh tut's noch immer ein wenig ...

Valerie: Das Problem war, der Franz wollt's wieder nicht hören. Du hast so getan, als wär *ich* zu streng ... Mit Freunden
ist man halt immer viel kritischer als mit dem Partner.

Franz: [reibt sich die Schläfen] Leider ... Aber deine Worte
kamen schon bei mir an, ich konnt's nur nicht gleich zugeben.
Also, vor mir selbst.

Valerie: [lächelt] Wie auch immer. Mein Fazit nach dem Gespräch war jedenfalls, einfach für dich da zu sein, wenn's

knallt. Bis dahin wollt ich aber wirklich nichts mehr sagen. Daran hab ich mich gehalten, auch wenn die Esther mich gleich am nächsten Tag wieder versucht hat mit reinzuziehen ...

Elena: *Wie das denn?*

Valerie: Sie hat angerufen und über den Franz gelacht, wie leicht man den täuschen könnt. Dann hat sie erzählt, wie schlau sie die SMS mit dem Autoverkäufer fingiert hätt, das war alles mit dem besprochen. Sie redete so schnell, ich konnt sie gar nicht mehr stoppen. Dabei wollt ich nichts davon hören!

Elena: *Warum hat sie das nur gemacht? Und wie hast du reagiert?*

Valerie: Naja, ich hab sie gefragt, ob sie noch ganz frisch ist im Kopf!! [Franz lacht laut] Weil sie so was macht und es dann schon wieder ausgerechnet mir erzählt. Sie dachte, ich wär ihre Freundin, hat sie gesagt. Und ich: *Nein, ich bin zuallererst die Freundin vom Franz, versteh das doch endlich.* Ich glaube, die Esther weiß gar nicht, was Freundschaft bedeutet. Jedenfalls war ich von dem Tag an vorbereitet auf eure Trennung.

Franz: [lacht] Tja, ich nicht ...

Valerie: Aber Franz, hätt ich noch mal was sagen sollen? Hättst du mir geglaubt?

Franz: [seufzt] Geglaubt schon, aber ich hätt trotzdem gedacht, dass du dich irrst oder einen Spaß von der Esther falsch verstanden hast.

Valerie: Liebe macht blind. [rollt mit den Augen] Warum die Esther das alles gemacht hat, begreif ich bis heute nicht ganz. Wollte sie einfach nur angeben vor mir? Oder hat sie vielleicht sogar gehofft, dass ich dem Franz was sage und mich darüber mit ihm verstreite? Zutrauen tät ich ihr inzwischen alles. Aber den Gefallen hab ich ihr nicht getan. Stattdessen hab ich versucht, dem Franz indirekt zu helfen. Ihm die Augen zu öffnen.

Elena: *Oh! Wie das?*

Franz: Indem sie mir auf die Sprünge geholfen hat ... Die Esther kam mal wieder am Abend nicht nach Hause und textete, sie müsste lang arbeiten für das Projekt. Als ihre SMS einging, hatt ich gerade die Valerie in der Leitung. Sie wusste, dass das mit der Arbeit nicht stimmt. Ich hör's noch genau: *Franzl, bitte fahr jetzt zu Esther ins Büro und schau nach!*, hast du gesagt. [Er nimmt kurz ihre Hand] Mit so einem Nachdruck, dass ich das Bangen gekriegt hab, wirklich. Also bin ich ins Auto und los. Bis kurz vor der Tür hab ich gehofft, dass du dich irrst. Dass wir nachher am Telefon zusammen lachen könnten. Was, beziehungsweise wen ich dann im Büro vorgefunden hab, brauch ich nicht zu beschreiben. Da war die Katz aus dem Sack. Die Trennung kam noch am selben Abend.

Valerie: ... und dein Anruf, nur mit anderem Inhalt. Zum Glück war das alles an einem Freitag. Während der Franz ins Büro fuhr, hatte ich schon meine Reisetasche gepackt. Ich wusste, was da kommen würde. Dann bin ich sofort los nach Wien.

Franz: Das war unglaublich von dir!

Valerie: Es war das Mindeste, was ich tun konnt.

Elena: *Ich finde das auch einen wunderbaren Freundschafts-dienst von dir, Valerie! Dann hast du das Wochenende bei Franz verbracht?*

Valerie: Ja, das war ja auch notwendig. Die ersten 48 Stunden bist du in ein richtiges Loch gefallen, Franz ...

Franz: [nickt] Ich kann mich halt kaum mehr erinnern. Ich war wie im Schock. Ich wollt es einfach nicht glauben. Aber die Valerie hat richtig auf mich eingeredet mit den ganzen schlimmen Details, und irgendwann hat das geholfen. Sonn-tags, als du gefahren bist, hatte ich langsam begriffen, was los war. Ich möcht gar nicht wissen, wie sonst alles gekommen wär. Vielleicht wär ich der Esther noch nachgestiegen.

Elena: *Und warst du in irgendeinem Moment auch mal wütend auf Valerie, weil sie dir vorher nichts Konkreteres gesagt hat?*

Franz: [schüttelt den Kopf] Nein. Ich konnt sie gleich verste-hen. Ich hätt's doch nicht hören wollen. Ich konnte im Gegen-teil nicht glauben, wie blind *ich* war, und hab mich ziemlich geniert. Auch, weil ich die Andeutungen von der Valerie vor-her nicht ernst genug genommen hab. Denn die waren ja da! Ein schöner Freund war ich ... Das würde mir nicht noch mal passieren.

Elena: *Das wäre meine nächste Frage gewesen: Könnte euch bei-den so etwas noch mal passieren?*

Valerie: Dass ich dem Franz nichts sage, wenn in der nächs-ten Beziehung was schiefläuft, oder er mir?

Elena: *Ja, genau.*

Valerie: Nein. Das haben wir sogar richtig besprochen. [Sie lächelt Franz an]

Franz: Die ganze Sache mit der Esther hat uns stärker verbunden. Wir reden noch offener miteinander als vorher. Und in Zukunft werde ich Valeries Meinung von meiner Partnerin fast mehr vertrauen als meiner eigenen. Ohne die rosa Brille sieht man einfach viel klarer. Einmischen würd ich mich aber nach wie vor nur bei der Valerie, bei niemandem sonst.

Valerie: Das geht mir genauso. Zwischen Franzl und mir wird so was nicht mehr vorkommen. Was meine anderen Freunde angeht, bleibt's aber bei meiner Vorsicht.

Elena: *Vielleicht sollte man grundsätzlich mal in guten Zeiten mit seinen engen Freunden darüber sprechen – über den Fall der Fälle und was man sich dann vom anderen wünscht …*

Valerie: Ja, das mag sein, nur wer macht das schon. Es gibt ja auch Leute, die ganz bewusst sagen, sie wollen so was nicht wissen. Bestimmt zerbrechen viele Freundschaften an solchen Geschichten. Das ist wirklich schade!

Franz: Bei mir hat sich nach meiner Trennung übrigens auch die Spreu vom Weizen getrennt …

Elena: *Wie meinst du das?*

Franz: Na ja, wenns dir mal richtig schlechtgeht und du bist völlig am Boden, in so einer Krise – da merkst du ganz schnell, wer deine echten Freunde sind. Und zumindest bei mir waren das außer der Valerie Menschen, von denen ich es gar nicht erwartet hätt. Die haben sich gekümmert, gemacht und getan, und viele, von denen ich dachte, sie wären meine »echten Freunde«, waren plötzlich verschwunden. Mir ging's halt wirklich eine Weile sehr mies.

Valerie: [nickt] Die Erfahrung habe ich auch schon gemacht. Damals hatt ich den Eindruck, dass sich viele nicht mit Trennung und Liebeskummer beschäftigen wollen – aus Angst um ihr eigenes Glück.

Elena: *Du hast vorhin ja auch schon gesagt, Liebe sei stärker als Freundschaft, Valerie …*

Valerie: [lacht] Aber auf keinen Fall beständiger. Partner kommen und gehen. Aber echte Freunde, die bleiben. Das sollte man sich überlegen, bevor man wegen so einer Sache Streit mit seinen Freunden anfängt oder sie aufgibt, wenn's ihnen schlechtgeht.

Elena: *Das ist ein schönes Schlusswort, finde ich. Sag nur noch, Franz, was ist inzwischen aus dir und Esther geworden?*

Franz: Gar nichts. Sie hat sich noch zweimal gemeldet, aber ich hab sie gebeten, das nicht mehr zu tun. In dem Monat direkt nach der Trennung lag meine Handyrechnung bei 400 Euro. Aber das waren die Telefonate mit Valerie … Danke, mein Schatz. [Er nimmt sie fest in den Arm und drückt ihr einen Kuss auf die Wange]

Lovesickness

August, 79 Jahre

Obwohl auf der Website der Liebeskümmerer gleich an mehreren Stellen unsere Telefonnummer steht, kontaktieren die allermeisten Betroffenen uns schriftlich. Ich glaube, das hat mehrere Gründe:

Zum einen ist da die Hemmschwelle, mit fremden Leuten »live« über ein so intimes Thema wie den eigenen Liebeskummer zu sprechen. Zum anderen haben viele Menschen natürlich nur eine diffuse Vorstellung davon, wie professionelle Hilfe gegen Liebeskummer überhaupt aussieht, und wollen zunächst mehr Informationen bekommen. Vor allem aber fällt es vielen von ihnen schriftlich leichter, ihren Schmerz und ihre Gedanken in die richtigen Worte zu fassen.

In 95 Prozent der Fälle wird uns per E-Mail geschrieben. Ganz selten jedoch finden wir auch mal einen Brief in der Post wie den folgenden von August aus Lindau am Bodensee (handschriftlich verfasst auf Büttenpapier).

Sehr geehrte Frau Sohn, liebe »Liebeskümmerer«,

als ich heute Morgen in der *Süddeutschen Zeitung* auf einen Artikel über Sie und Ihr Geschäftsmodell gestoßen bin, weckte diese außergewöhnliche Idee sofort mein Interesse. Nicht nur aus der unternehmerischen Perspektive! Ich freue mich zuvörderst für die jungen Menschen, denen Sie mit Ihrem Angebot zur Seite stehen. Es gab Situationen in meinem Leben, da hätte ich etwas Vergleichbares brauchen können. Allerdings wurde in meiner Generation diesen Dingen noch nicht derart offen Gewicht zuteil (ich bin Jahrgang 1932).

Inzwischen verfüge ich über ein gewisses Maß an eigenen Erfahrungen, und so kam mir der Gedanke, Ihnen von einer Phase zu berichten, die ich als junger Mann durchlebt habe. Ich hätte damals beinahe einen unwiederbringlichen Fehler gemacht und war seither jeden Tag froh, dass mir das nicht gelungen ist! Vielleicht begegnet Ihnen einmal ein ähnlicher Fall. Wenn mein Bericht nur eine einzige Person vor dem gleichen Irrtum bewahren kann, lohnt die Mühe, alles zu Papier zu bringen, sich schon. Mir ist es ein tiefer Wunsch, meine Einsichten weiterzugeben.

Ich kenne den Kummer mit der Liebe, seit ich ein kleiner Junge bin. In der Volksschule, mit acht Jahren, verliebte ich mich das erste Mal unsterblich – in meine Deutschlehrerin Fräulein Weber, ein zartes Geschöpf mit blondem Haar. Ich träumte davon, wie ich sie heiraten wollte, wenn ich erst mit der Schule fertig und erwachsen wäre. Als meine Eltern uns Kindern im Frühjahr 1941 mitteilten, dass wir unsere Heimatstadt Bayreuth verließen, um für den Fall, dass mein Vater an die Front müsste, näher bei Tante und Onkel zu sein, galten meine ersten Gedanken also nicht etwa ihm oder meinen vielen Freunden. Ich dachte an Fräulein Weber und ob/wie es mir gelingen könnte, sie später wiederzufinden. Ich verzweifelte beinahe in meiner kindlichen Sorge, schämte mich jedoch zu sehr, um mich jemandem anzuvertrauen. Als der letzte Schultag vor den Sommerferien kam, rannte ich am Ende der Deutschstunde aus dem Klassenzimmer, ohne Fräulein Weber Lebewohl zu sagen. Ich fürchtete, vor ihr in Tränen auszubrechen. Wir sahen uns selbstverständlich nie wieder.

Meine spätere Ehefrau Louisa lernte ich im Nachkriegsjahr 1946 in München kennen. Ich war dreizehn, Louisa vierzehn, und es war die

Phantasie, die uns verband. Wir trafen uns wann immer wir konnten zwischen Schutt und Trümmern, setzten uns auf irgendeinen Stein und erzählten einander spontan erfundene Geschichten von einer besseren Zukunft. Es ging um große Feste mit Unmengen an leckeren Speisen, um fremde Länder, aufregende Berufe und natürlich die Liebe. Gemeinsam entflohen wir für einige Stunden der Wirklichkeit. Das war unser Weg, uns das zerstörte München und den Hunger ein wenig erträglicher zu machen.

Wir wuchsen zusammen auf, und nach und nach wurde Louisa zum wichtigsten Menschen in meinem Leben. Auch später – als es unseren Familien viel besser ging und wir zu groß waren, um noch an unsere Träumereien zu glauben – vermochte sie mir, wann immer es irgendein Problem gab, durch ihre bloße Anwesenheit das Gefühl zu vermitteln, dass alles in Ordnung kommen würde. 1956 hielt ich um ihre Hand an, und am Tag der Hochzeit erzählte ich Louisa sogar von Fräulein Weber! So erfuhr ich, dass auch sie als kleines Mädchen davon geträumt hatte, einmal ihren Klavierlehrer, Herrn Ginstermann, zu heiraten. Wir lachten laut und waren froh, dass niemand sonst als sie und ich an diesem Tag vor dem Traualtar stand.

Unsere Ehe war anfangs sehr glücklich, es blieb ihr lang etwas von der Unbeschwertheit, die wir uns als Heranwachsende erschaffen hatten. Louisa arbeitete als Erzieherin an einem städtischen Kindergarten, ich eröffnete eine Anwaltskanzlei, es ging uns gut. Doch als sich unser sehnlichster Wunsch – eigene Kinder – nicht erfüllte, veränderte Louisa sich. Sie wurde ruhelos und unzufrieden. Und obwohl ich es merkte und unsere Kinderlosigkeit für mich kein Makel war, fand ich diesmal keinen Weg, ihr zu helfen. Es war, als suchte sie nach einem neuen Ziel, zu dem ich keinen Zugang mehr hatte, auch wenn ich mich noch so sehr anstrengte. Schließlich hoffte ich, dass sich alles zum Guten wenden würde, wenn ich ihr nur Freiraum gäbe. Doch im Frühsommer 1968 sagte Louisa mir schließlich, sie werde mich verlassen. Ich wähnte ein paar ihrer neuen Bekanntschaften, sogenannte »Hippies«, für diesen endgültigen Entschluss mitverantwortlich, doch es änderte nichts. Louisa war nicht mehr glücklich in unserer Ehe, und auch wenn sie mir sagte, wie sehr sie mich liebte – ihr Leben sollte in Zukunft anders und ohne mich weitergehen. Sie zog aus und lebte bald in Hamburg.

So gefasst ich heute alles aufschreiben kann, so hilflos fühlte ich mich damals. Ich wusste, dass ich Louisa ziehen lassen musste. Nur ohne mich hatte sie eine Chance, wieder glücklich zu sein. Für mich jedoch bedeutete ihr Verlust, dass all meine Träume mit einem Mal unerreichbar geworden waren. In jedem meiner Wünsche für die Zukunft hatte Louisa ihren festen Platz gehabt – nun ohne sie an ihnen festzuhalten, wäre die reinste Qual geworden. Bloß besaß ich keine anderen Visionen. Seit unseren Kindertagen hatte ich alles mit ihr gemeinsam geplant. Voller Angst erkannte ich, dass das Leben für mich seinen Sinn verlor.

Über meine trüben Gedanken sprach ich mit niemandem. Zu groß war meine Sorge, dass man sie Louisa übermitteln und sie aus Verantwortungsgefühl zu mir zurückkehren könnte. Stattdessen versuchte ich, innere Normalität durch äußere Ordnung zu erzwingen. Ich arbeitete länger als je zuvor, denn nichts fürchtete ich mehr als die Abende allein in unserem Haus. An den Wochenenden traf ich unseren alten Freundeskreis, wann immer sich eine Möglichkeit ergab. Und während es bald den Anschein haben musste, dass ich mich in mein neues Leben einfand, wurde mir in Wirklichkeit alles immer mühsamer, unerträglich anstrengend und ermüdend. Meine Tage erschienen mir wie ein einziger, sinnloser Kampf. Damals habe ich gelernt, dass es die Ziele im Leben sind, die uns Kraft geben. Glaubt man selbst nicht mehr an Besserung und schenkt einem auch niemand anderes diesen Glauben, dann ist man gebrochen.

Um die Weihnachtszeit trat ich eine Reise zur Familie meines Bruders ins kanadische Vancouver an. Unsere Eltern sind früh verstorben, und so war ich ihm und seiner Frau sehr dankbar für ihre Gastfreundschaft, denn der Gedanke, das Weihnachtsfest in Deutschland nach 22 Jahren das erste Mal ohne Louisa zu verbringen, nahm mir den Atem.

Leider führte die Harmonie und Geborgenheit der kleinen Familie meines Bruders mir während dieser Tage aber ganz unverhohlen vor Augen, was ich entbehrte. Ich muss sehr schweigsam gewesen sein und kein angenehmer Gast. Als die Feiertage vorüber waren und der Jahreswechsel anstand, brachen die anderen zu einem einwöchigen Skiurlaub auf, während ich allein im Haus zurückblieb. Mein Heimflug sollte bereits am folgenden Abend gehen.

Es fällt mir schwer, mich genau an die Gedankenkette zu erinnern, die an jenem 28. Dezember in Kanada dazu führte, dass ich beschloss, meinem Leben ein Ende zu setzen. Das Düstere, Traurige hatte nach all den Wochen mein Bewusstsein so sehr in Beschlag genommen, dass es aus heutiger Sicht für mich kaum mehr nachzuempfinden ist. Was ich jedoch sicher weiß, und weshalb ich Ihnen in der Hoffnung schreibe, vielleicht irgendjemandem helfen zu können, liebe Frau Sohn: Mein Liebeskummer erschien mir unüberwindbarer, aussichtsloser und vernichtender als jener von anderen Verlassenen, denen es gelang, nach dem Schmerz wieder Lebensglück zu finden. Sie alle konnten es schaffen, da war ich mir sicher – nur ich nicht. Das begründete ich mit meinem eigenen Unvermögen, aber auch mit dem Maß an Glück und Liebe, das ich mit Louisa erlebt hatte. Mir war schier unvorstellbar, dass ich jemals eine andere Frau an meiner Seite würde dulden, ja lieben können. Das ist der Trugschluss, dem man in der Phase des Liebeskummers erliegt. Und aus diesem Grund ist es meiner Überzeugung nach so wichtig, rechtzeitig zu erfahren, dass andere Frauen und Männer genauso denken.

Die Details meines missglückten Suizids möchte ich Ihnen ersparen, es ist schlimm genug, dass es so weit kommen konnte. Als ich im Krankenhaus zu mir kam, war ein Arzt bei mir, der sicher schon kurz vor der Pensionierung stand. Er nannte mich »young man« und fragte nach den Gründen für meine Lebensmüdigkeit. Ich berichtete von unserer Trennung, die inzwischen ein halbes Jahr hinter mir lag. Ich rechnete wohl damit, dass er die Ausweglosigkeit meiner Situation anhand des langen Zeitraums meines Leidens erkennen müsste. Doch er legte seine Hand auf mein Bein und sagte, ich solle mir vorstellen, es wäre mehrfach gebrochen, hier, hier und hier, durch einen schlimmen Unfall. Wenn Sie ein halbes Jahr später noch nicht wieder normal laufen könnten, wollte er wissen, würden Sie sich dann auch das Leben nehmen? Diese Frage machte mich wütend, denn ich fühlte mich unverstanden und verhöhnt. Ein gebrochenes Bein würde heilen im Laufe der Zeit, das könne man nicht vergleichen, erklärte ich ihm in meinem dürftigen Englisch. Da nickte er! Der Kummer mit der Liebe heiße in seiner Sprache nicht von ungefähr »lovesickness«. Meine Seele sei krank. Es sei eine langwierige, aber heilbare Krankheit, wie ein gebrochenes Bein. Und mir wäre wohlgeraten, sie genauso ernst zu nehmen – keinesfalls jedoch ernster! Denn bis auf ein paar Narben verheile sie, auch wenn ein typisches Symptom sei, dass man das nicht für möglich hielte, während man unter ihr leide. Darauf gab er mir seinen Handschlag.

Ich denke, es lag an seiner Reife, dass ich diesem fremden Mann vertraute. Seine Worte halfen mir, meinen Kummer mit anderen Augen zu sehen. Ich verstand, dass ich eigentlich nur eine Durststrecke durchlief, die viele vor mir erlitten hatten und die ich – wie sie auch – überstehen würde. Auch wenn es Zeit brauchte, viel Zeit. Und mit einem Mal sah ich das sprichwörtliche Licht am Ende des Tunnels.

Tatsächlich dauerte es noch fast vier Jahre, bis ich mich wieder verliebte. Und es folgte danach sogar noch eine weitere Episode des Liebeskummers, ehe ich meine heutige Frau Ursula traf. Niemals wieder habe ich jedoch mein eigenes Leben wegen eines (an-)gebrochenen Herzens in Frage gestellt. Spätestens, als ich Louisa einige Jahre nach unserer Trennung wieder begegnete, wurde mir die Absurdität meines versuchten Suizids bewusst. Vor mir saß eine wunderbare Frau, deren Gesellschaft sich noch immer sehr vertraut anfühlte – doch ich empfand weder Schmerz noch den Wunsch, wieder mit ihr zusammen zu sein. Louisa ist ein Teil meines Lebens, für den ich sehr dankbar bin. Aber die Veränderung gehört nun mal zum Lauf der Dinge. Wenn ich heute in die Augen meiner Frau und unserer drei Kinder blicke, bin ich froh darüber.

Und ich wage nicht mir auszudenken, was wäre, hätte mein trauriger Plan damals Erfolg gehabt.

Liebe Frau Sohn, liebe Liebeskümmerer, verzeihen Sie mir meine langen Ausführungen. Ich vermute, dass es auch der mangelnde Austausch mit anderen Menschen war, der mich einst den Glauben an den Sinn meines Daseins verlieren ließ. Ihre (Aufklärungs-)Arbeit ist kostbar, und ich würde mich freuen, wenn ich dazu einen kleinen Beitrag leisten konnte.

Mit herzlichen Grüßen vom Bodensee
Ihr August P.

... und was ist Ihr Tipp gegen Liebeskummer?

»Mir hat geholfen, jeden Gedanken, jede Träne, jede Reaktion, jedes tausendfach wiederholte Wort zuzulassen, ohne mich dafür zu schämen.«
  Heike, 53 Jahre

»In der Zeit des Liebeskummers habe ich ganz bewusst angefangen, meine eigenen Grenzen zu überschreiten, mich aus meiner Komfortzone rauszubewegen. Ich bin zum Beispiel ganz allein in den Urlaub gefahren – das zu schaffen, war eine tolle Erfahrung!«
  Thomas, 43 Jahre

»Singen!«
  Tina, 35 Jahre

»Inzwischen kann ich mir auch Rache vorstellen. Ohne Gewalt, mit Köpfchen! Das wäre eine Genugtuung.«
  Iris, 48 Jahre

»Für mich war der wichtigste Schritt, eine Therapie anzufangen. Da habe ich gemerkt, wie groß der Anteil ist, den ich selbst trage beim Entstehen des Kummers. Ich habe mich ganz neu kennengelernt und bin heute viel glücklicher als vor der vergangenen Beziehung. Kann ich nur jedem empfehlen.«
  Thomas, 46 Jahre

Unersetzbar

Schwänin, Alter unbekannt

Höckerschwäne gehören zu den wenigen Geschöpfen auf unserem Planeten, die ihr Liebesleben in monogamen Paarbeziehungen verbringen – einmal zusammen, immer zusammen, rechts und links wird nicht geschaut. Naturgegebene Treue. Um diesen Instinkt wird manch einer die großen, stolzen Wasservögel beneiden. Dass er aber auch seine schlechten Seiten hat, zeigt die folgende Begebenheit:

Im Schlossgraben von Schloss Burgsteinfurt im Münsterland lebte neun Jahre lang ein Höckerschwanenpaar, das bei den Bewohnern und Touristen sehr beliebt, weil sehr zutraulich war. Tagein, tagaus schwamm es gemeinsam seine Runden um das hübsche Bauwerk, ließ sich füttern (nicht nachmachen, das ist natürlich unerwünscht), fotografieren und fauchte nur ganz selten mal einen Hund an, der zu Besuch kam.

Doch im Sommer 2009 gab es ein schweres Unwetter in der Gegend. Es goss aus Kübeln, so dass die Aa, der eigentlich recht friedlich durch den Ort verlaufende Fluss, binnen kürzester Zeit zu einem reißenden Strom wurde – und den Schwanen-Mann über das Schlosswehr zog, um ihn flussabwärts davonzutreiben. Die Kraft der kleinen Schwanenbeine reichte wohl nicht aus, um gegen den Sog des Wassers anzukämpfen, und mit seinen gestutzten Flügeln konnte der Weißgefederte auch nicht abheben und zurückfliegen. Mitarbeiter der fürstlichen Schlossverwaltung suchten tagelang nach ihm, aber der Schwan war für immer verschwunden.

Zurück blieb die verzweifelte Schwanenfrau. Die plötzliche Abwesenheit ihres Partners brachte sie völlig aus der Fassung. Rastlos suchte sie nach ihm, tapste über Straßen und verirrte sich in den Gärten von Wohnhäusern. In ihrem Liebeskummer fraß sie schlecht und wurde zusehends schwächer. All das beobachteten die aufmerksamen Steinfurter und hatten großes Mitgefühl mit ihrer Schwanen-Dame. Immer wieder riefen sie bei der Schlossverwaltung an und baten aus ihrer gutgemeinten menschlichen Perspektive darum, ob man der Schwänin nicht einfach einen neuen Mann zur Seite stellen könnte, damit es ihr wieder bessergehe. Die Kosten würde man schon tragen.

Die Antwort des kompetenten Tierpflegers von Schloss Burgsteinfurt fiel jedoch immer gleich aus: Die Monogamie der Höckerschwäne dauert in der Regel über den Tod des Lebensgefährten hin an. Einen »Neuen« würde die tierische Witwe kaum akzeptieren, schlimmstenfalls würde er für sie sogar zusätzlichen Stress bedeuten. Und den konnte sie wirklich nicht gebrauchen. Es musste also eine andere Lösung her. Der Mann überlegte eine Weile und kam schließlich auf eine so simple wie einleuchtende Idee: Die Schwänin sollte einen Spiegel bekommen. Wenn die Vermutung stimmte, dass Paare sich mit zunehmendem Alter immer ähnlicher werden, bestand bei neun Jahren Schwanenehe – gemessen an einer Lebenserwartung von rund 30 Jahren – eine gute Chance, dass das inzwischen schon sehr ermattete Weibchen sich täuschen ließe. Beim Betrachten des eigenen Abbilds würde sie sich in geliebter Gesellschaft fühlen, was unweigerlich ihren Appetit zurückbrächte. Eine wirklich gutgemeinte List.

Der Spiegel wurde an der Futterstelle der Schwänin aufgebaut, und eine Weile schien das Täuschungsmanöver sogar aufzugehen. Das Tier betrachtete sich immer wieder neugierig und amüsierte damit nicht nur seine Zuschauer – es machte auch einen viel vitaleren Eindruck. Alle Beteiligten schöpften Hoffnung, doch sie unterschätzten die Intelligenz der Schwanen-Frau. Denn es dauerte nicht lang, bis diese herausgefunden hatte, dass ihr Ebenbild nicht der vermisste Gatte war. Und als wäre mit dieser Erkenntnis auch ihre letzte Zuversicht gänzlich verschwunden, stellte sie die Nahrungsaufnahme nun ganz ein. Kurze Zeit später starb das Tier.

Auch Menschen können an gebrochenem Herzen sterben. Aber im Unterschied zum Höckerschwan besitzen wir die wunderbare Fähigkeit, uns mehrfach im Leben zu verlieben. Wenn die Umstände es nicht anders zulassen, sollten wir versuchen, sie zu nutzen.

Gefangen

Angelika, 49 Jahre

Angelika betrachtet ihren Beitrag zu diesem Buch als eine Art Warnung. Vielleicht gelingt es ihr, ein paar Frauen und Männer wachzurütteln, so hofft sie. »Liebeskummer braucht Zeit, das ist ganz klar«, sagt sie während unseres Treffens in einem Dresdner Kaffeehaus zu mir, »aber die Frage, die ich mir inzwischen stelle, ist: Wie viel Zeit *dürfen* wir ihm zugestehen, bevor er uns kaputtmacht?«

Aus ihrer Körpersprache lese ich Scham. Immer wieder fällt ihr Blick auf ihre Hände, die auf dem Tisch zwischen uns eine Papierserviette zu einer kleinen Dauerwurst rollen. Sie spricht etwas hastig und lächelt verlegen. Ich habe den Eindruck, als halte sie sich selbst für nicht ganz normal.

Zumindest optisch kann ich das dem ersten Eindruck nach überhaupt nicht bestätigen. Angelikas Unsicherheit scheint irgendwie gar nicht zu ihrem Aussehen zu passen. Sie ist eine auffallend jugendliche Endvierzigerin, trägt einen figurbetonten Hosenanzug, dazu eine hellblaue Bluse, flache Schuhe und einen passenden Shopper aus hellbraunem Leder. Die Haare sind kinnlang, in verschiedenen Blondtönen gesträhnt und fallen ihr auf einer Seite locker ins Gesicht. Wir treffen uns in Angelikas Mittagspause. Sie arbeitet gleich um die Ecke, leitet den Personalbereich in einem großen mittelständischen Betrieb.

»Tja, wie viel Zeit darf man ihm geben. Das ist eine gute Frage, und an einem gewissen Punkt ist es sicher für jeden wichtig, ernsthaft darüber nachzudenken. Aber wann der gekommen ist, lässt sich so pauschal nicht sagen«, antworte ich. »Hm-hm …« Angelika nickt. »Es geht mir einfach darum, ob man nicht viel strenger mit sich sein müsste«, fährt sie fort. »Nicht, dass ich es gewesen wäre, aber ich bereue es jetzt so sehr. Ich bin 49 und habe die letzten zehn Jahre an etwas festgehalten, das mir nur Kummer einbringt. Ich bin so leidensfähig. So *dumm*. Zehn kostbare Jahre meines Lebens sind vorbei. Ich habe sie einfach so verschwendet«, sie schnipst mit zwei Fingern, »und es hört noch immer nicht auf.«

»*Einfach so* kann ich mir nicht vorstellen«, wende ich ein. »Sie werden schon Ihre Gründe haben.« Sie schüttelt den Kopf und lacht müde. »Manchmal denke ich, ich bin einfach verrückt. Dann kann ich mich selbst nicht mehr ernst nehmen. Es gab so viele Situationen, in denen ich den Absprung hätte schaffen können. Jeder anderen Frau wäre das bestimmt gelungen. Aber ich mache immer weiter …« Sie klingt bitter. »Hm. Das müsste ich mal konkreter hören. Fallen Ihnen drei solche Situationen ein, und möchten Sie mir von ihnen erzählen?« Angelika lächelt. »Ja, klar, das ist kein Problem.« »Okay. Lassen Sie uns noch schnell etwas zu essen bestellen, und dann fangen wir an.«

♥ ♥ ♥

Er hörte einfach nicht auf zu baggern. Er wusste doch, dass sie eine verheiratete Frau war. Was sollte das? Glaubten diese Wessis eigentlich, sie könnten sich alles nehmen, was sie wollten? Die Firmenleitung, den dicksten Dienstwagen, eins der besten Grundstücke in Elblage und als i-Tüpfelchen noch die

Ossi-Mitarbeiterin, oder wie? Es ging ihm dabei doch gar nicht wirklich um *sie*! Oder? Oder doch?

Natürlich sah er gut aus. Er hatte viel mehr Stil als die Männer aus dem Osten. Allein wie seine Anzüge saßen. Wie er roch. Und die ganzen Bilder in seinem Büro, aus internationalen Galerien. Er war so weltgewandt. Wenn Angelika ihn mit ihrem Kurt verglich ... Aber er selbst war ja auch verheiratet! Katholisch noch dazu, zwei Kinder. Schämte er sich nicht? Und was warf das überhaupt für ein Licht auf einen gebundenen Mann, einer anderen Frau Avancen zu machen? Er kam doch schon aus diesem Grund nicht für sie in Frage. Oder? Oder doch?

Ein Jahr lang hielt Angelika den Annäherungsversuchen ihres Chefs stand. Wenn sie unter Kollegen waren, ignorierte sie seine viel zu intensiven Blicke, erwiderte sein Lächeln nicht und verhielt sich überhaupt betont distanziert. Kam er sie allein in ihrem Büro besuchen, wurde sie manchmal direkter: Er bat ihr das Du an – sie schlug es aus. Seine Einladung zu einem gemeinsamen Abendessen kommentierte sie mit: »Ich denke, dass weder Ihre Frau noch mein Mann begeistert davon wären, vielen Dank.« Doch verließ er dann ihr Zimmer, war Angelika zittrig und fahrig. Sie brauchte lang, um sich wieder auf ihre Arbeit konzentrieren zu können. Das ärgerte sie. Mit seiner unmöglichen Art brachte dieser Mann so viel Durcheinander in ihr Leben. Warum verstand er nicht endlich, dass er sie in Ruhe lassen sollte? Ihre Signale waren doch eindeutig. Oder? Oder nicht?

Dann kam dieser Abend im Mai. Angelika hatte die Angewohnheit, nach der Arbeit manchmal noch eine Runde im Park spazieren zu gehen. Oft setzte sie sich dann auf eine Bank, beobachtete die Leute und hing ihren Gedanken nach. Es zog sie ja nichts nach Hause. Die beiden Söhne waren schon seit ein paar Jahren aus dem Haus, und Kurt war von seiner Arbeit in der Bäckerei fast immer so müde, dass er noch vor der Übertragung der Tagesschau auf dem Sofa zu schnarchen begann.

Der Wessi musste ihr vom Büro hierher gefolgt sein. »Angelika, ich *muss* mit Ihnen sprechen« war, was sie hörte, noch bevor sie ihn sah. Er stand schräg hinter der Bank. Immerhin blieb er beim Sie. Und er ging auch nicht auf die Knie. Aber ansonsten ließ er wenig aus, bei dem herzerweichenden Liebesgeständnis, das er ihr nun machte. Seine Frau wolle er für sie verlassen, er habe sich alles schon genau überlegt. Angelika möge ihm nur ein paar Monate Zeit geben, die Kinder wären ja noch so klein. Aber in die Wege leiten würde er alles – wenn, ja wenn sie, Angelika, ihm nur endlich ein positives Zeichen gäbe!

Angelikas Entscheidung fiel binnen Sekunden. Anfang oder Ende? Sitzen und bleiben oder von der Bank springen und gehen? Sie lehnte sich an, spürte die Bank in ihrem Rücken und wenig später seine Lippen auf ihren. Damals hatte sie noch eine Chance gehabt, schmerzfrei aus der ganzen Angelegenheit herauszukommen, war, was sie später oft dachte. Wenn sie doch bloß gesprungen wäre, anstatt zu bleiben. Sie ahnte doch, dass etwas nicht stimmte. Irgendwie. Aber hätte ein Mann wirklich ein Jahr lang einen solchen Aufwand betrieben, ohne es ernst zu meinen mit ihr? Hätte er nicht. Oder doch?

♥ ♥ ♥

Im Wartezimmer war die Luft viel zu heiß. Angelika schwitzte und hatte das Gefühl, sie bekäme immer weniger Luft. Hoffentlich würde sie bald aufgerufen. Sie blickte sich um.

Direkt neben ihr saß ein Mann mit einer dick verbundenen Hand. Ein kleiner Junge schräg gegenüber keuchte und hustete mit offenem Mund, was seiner Mutter sichtlich unangenehm war. Ein älterer Herr trug ein Pflaster auf dem linken Auge und darüber eine Brille mit lupenartigen Gläsern. Jeder Stuhl im Raum war besetzt. Bei den meisten Wartenden ließ sich unschwer erraten, was sie zum Arzt trieb. Nicht so bei ihr.

»Frau Lohmann bitte«, krächzte es irgendwann aus der Sprechanlage. Als keine der anderen Frauen reagierte, stand Angelika erleichtert auf und ging durch die Tür in den Flur. Die drei Arzthelferinnen wuselten geschäftig hinter dem Empfangstresen herum. »Entschuldigen Sie«, sprach Angelika eine von ihnen an, »ich hatte es vorhin schon Ihrer Kollegin gesagt – ich heiße seit drei Jahren nicht mehr Lohmann. Ändern Sie das noch in Ihrer Kartei, auch wegen der Kasse?« Die junge Frau lächelte und dachte wohl an eine späte Heirat. »O ja, natürlich. Wie heißen Sie denn jetzt?« »Mein Mädchenname ist Kramer«, antwortete Angelika, »Angelika Kramer.« Die andere seufzte enttäuscht. »Ah okay, das korrigiere ich natürlich sofort. Sie können dann ins Behandlungszimmer eins, Frau Kramer.«

Den Arzt kannte Angelika nicht gut. Zwei, drei Mal war sie in den letzten fünfzehn Jahren vielleicht hier gewesen. Ihr Körper hatte nie zum Krankwerden geneigt. Bisher. Davor durfte sie nicht länger die Augen verschließen. »Was kann ich für Sie tun, Frau Lohmann?« Doktor M. war ein Mann um die fünfzig. *Vielleicht wäre ich doch besser zu einer Frau gegangen*, schoss es Angelika durch den Kopf, als sie sich setzte. Sie war nervös. »Ich wollte Sie fragen, ob es für mich die Möglichkeit gibt, eine Kur zu machen.« Der Arzt platzierte ein Blatt Papier auf dem Tisch vor sich und nahm einen Stift in die Hand. »Aha. Warum? Was haben Sie denn für Beschwerden?«, fragte er dann. Angelika kämpfte mit den Tränen. »Das wechselt. Am schlimmsten sind die Magenschmerzen. Und häufig Erbrechen oder Durchfall. Seit einem halben Jahr auch Migräne. Ich schlafe schlecht, und manchmal bin ich so schlapp, dass ich morgens nicht aufstehen kann.« »Arbeiten Sie viel?«, wollte er wissen. Traurig schüttelte Angelika den Kopf. »Nein, obwohl ich eigentlich müsste.« »Leiden Sie an Depressionen? Selbstmordgedanken, negativer Grundstimmung?« Sie verneinte. »Ich denke, es ist meine private Situation. Ich lebe in einer sehr unglücklichen Beziehung. Es geht so nicht weiter, aber mir fehlt inzwischen die Kraft, etwas daran zu ändern. Ich hab die Hoffnung, dass ich, wenn ich erst mal körperlich wieder ...« – der Arzt fiel ihr abrupt ins Wort. »Nun, eine medizinische Kur ist leider keine Paartherapie, Frau Lohmann.« Er legte den Stift beiseite. Angelika sah ihn erschrocken an. »Nein, es geht doch um mich und meinen Liebeskummer, nicht um eine Paartherapie ...« Er lachte. »Kopf hoch, Sie sind doch kein Teenager mehr! Lassen Sie sich mal nicht unterkriegen!« Schnell tippte er irgendwas in seinen Computer. »Passen Sie auf. Ich schlage vor, wir machen mal ein Blutbild und schauen, was uns das sagt. Vielleicht liegt ja doch etwas ganz anderes vor. Fürs Erste verschreibe ich Ihnen etwas gegen Schmerzen und Übelkeit. Und dann versuchen Sie, Ihre Situation da zu regeln.« Plötzlich fühlte Angelika sich wie ein törichtes kleines Mädchen. Mit 45. Sie hatte so viel Hoffnung in diesen Termin gesetzt. Doktor M. tippte eine Taste auf seinem Telefon. »Ja, Sabine, können Sie Frau Lohmann bitte zur Blutentnahme abholen? Kramer? Ach bei mir hier steht aber noch Lohmann ... Verstehe. Danke.« Er wendete sich Angelika zu. »Dann sind Sie doch immerhin schon mal geschieden, Frau Kramer. Toi, toi, toi!«

Später saß sie in ihrer kleinen Single-Wohnung in der Dresdner Innenstadt und weinte. So weit war es mit ihr gekommen. Lächerlich hatte sie sich vor dem Arzt gemacht! Als erwachsene Frau wegen Liebeskummer eine Kur machen zu wollen, weil man den Absprung nicht schaffte. Was hatte sie sich bloß dabei gedacht. Doktor M. hatte recht. Sie war ja kein Kind mehr. Und ihr Körper sendete eindeutige Signale, dass es so nicht mehr weiterging. Das Ergebnis des Blutbilds konnte sie sich sparen. Morgen im Büro würde sie ihre Affäre beenden. Für einen Augenblick erschien alles so klar.

Weil ihr Kopf schon wieder rasend schmerzte, nahm Angelika eine von den Tabletten, die sie mit dem Rezept aus der Apotheke geholt hatte. Es dauerte nur eine halbe Stunde, bis es ihr besserging. Den Abend verbrachte sie lesend im Bett. Manchmal musste sie eine Seite zurückblättern, wenn ihre Gedanken abschweiften. 22.15 Uhr. Jetzt hatte *er* seine Kinder längst ins Bett gebracht und schaute zusammen mit seiner Frau die Tagesthemen. Ob er noch eine SMS schicken würde? Aus Angst, der Kopfschmerz könnte sich über Nacht doch noch zu einer Migräne auswachsen, schluckte Angelika noch eine von den Tabletten. Und die Tropfen gegen Übelkeit. Morgen musste sie fit sein. Wenn sie den Schlussstrich zog.

♥ ♥ ♥

Während eines Kontaktabbruchs durchlief sie immer die gleichen Phasen. Das hatte Angelika nach weiteren drei Jahren ihrer Affäre gelernt.

Am schwierigsten waren die Tage unmittelbar danach. Dann rechnete sie quasi minütlich mit einer Nachricht von ihm, mit einer Entschuldigung oder Einsicht. Denn meist lag der Trennung ja eine neue Enttäuschung zugrunde, eine Lüge, ein Streit. Manchmal kam in den ersten 72 Stunden etwas von ihm, manchmal nicht. Dann hörte sie erst einmal auf mit dem Warten.

In den folgenden ein bis zwei Wochen ging es ihr eigentlich ganz gut, dann dominierte die Wut. Da sie ihren Arbeitsplatz gewechselt hatte, sahen sie sich zum Glück nicht mehr zwangsläufig. Angelika gewann Abstand. Sie versuchte in dieser Phase, sich selbst davon zu überzeugen, wie gut es war, getrennt zu sein. Wie viele schlechte Momente hatte es mit ihm gegeben. Wie viele unerfüllte Wünsche und leere Versprechungen. Diesmal würde sie nicht wieder weich werden! Jetzt hatte er den Bogen wirklich überspannt.

Ihre Stimmung kippte regelmäßig jenseits des vierzehnten Tags. Sehnsucht machte der Wut jetzt den Platz streitig, und irgendwann hielten sich beide die Waage. Wenn dann noch ein passender Anlass hinzukam – ein Jahrestag, ein falscher Song im Radio, ein besonderes Erlebnis –, konnte es in einem schwachen Moment passieren, dass Angelika sich bei ihm meldete. Dann nahmen die Dinge ihren gewohnten Lauf. Andernfalls harrte sie aus, wurde aber zermürbt von der Angst, dass ihr Kummer niemals ganz aufhören könnte. Ein paar Mal kam sie auf die Idee, Dresden zu verlassen oder sich zumindest eine neue Handynummer zu besorgen. Doch kurz bevor sie so weit war, fing *er* sie immer wieder ein. Es war, als könnte er es *riechen*.

Das achte Jahr ihrer Affäre brachte den Funkstille-Rekord. Sechs Monate lang hörte Angelika nichts von ihm. Keine SMS, kein Anruf, kein Brief, keine E-Mail, kein anderes Zeichen. Es hatte eine heftige Auseinandersetzung über den Verlauf ihres Geburtstags gegeben, der ungünstigerweise auf einen Sonntag fiel, *Vater-Kinder-Tag*. Angelika würde leider ohne ihn auskommen müssen, hatte er ihr gesagt. *Wie gerade erst an Weihnachten und auch an Silvester?* Ihre Nerven lagen blank. Es war der siebte Kontaktabbruch in ihrer gemeinsamen Geschichte. Aber diesmal war es anders. *Er scheint die Trennung ernst zu nehmen*, dachte Angelika, als er sich sechs Wochen lang nicht gemeldet hatte. Das hatte er noch nie durchgehalten. Es machte ihr Angst, doch sie war zu schwach und resigniert, um selbst etwas zu unternehmen. Es konnte ja nicht ewig so weitergehen – auch wenn sie nicht wusste, wie sonst. Sie litt und zog sich zurück wie ein verwundetes Tier.

Etwa zu Beginn des fünften Monats des Schweigens geschah etwas Überraschendes: Der Schmerz ließ nach. Auch die Sehnsucht suchte sie seltener heim. *Die Zeit heilt alle Wunden* hatte Angelika immer für Blödsinn gehalten. Aber plötzlich schien etwas Wahres an diesem Spruch zu sein: Vielleicht war sie nicht in der Lage, aktiv abzuschließen – möglicherweise konnte sie aber durchaus vergessen. Diese Erfahrung brachte eine ganz neue Ruhe mit sich. Angelikas Kopf- und Magenschmerzen ließen nach, sie konnte nachts endlich wieder schlafen. Ihre Arbeit brachte wieder Spaß, und die Kollegen machten ihr Komplimente dafür, wie erholt und gut sie aussähe.

Eines Samstags kam sie vom Friseur, stöberte in einer Buchhandlung und suchte etwas Schönes zu lesen für die vielen Stunden, die sie momentan allein verbrachte. Dann war es wieder wie damals, auf der Parkbank: Sie hörte ihn von hinten, noch bevor sie ihn sah. »Du schaust großartig aus.« Das war alles. Er huschte vorbei, schnell weiter zu seiner Frau und den Kindern, die vor einem anderen Regal standen und über irgendetwas diskutierten. Zwei Tage später fand Angelika einen Umschlag in der Post. Flugtickets. Eine Woche Portugal für sie beide. Sie zögerte, aber nicht sonderlich lang. Es konnte doch eine Abschiedsreise werden, als Zeichen einer Trennung im Guten, versuchte sie ihr schlechtes Gefühl zum Schweigen zu bringen. Sie war ja inzwischen viel stärker! Das stimmte. Nur leider noch lange nicht stark genug.

Nachdem Angelika geendet hat, herrscht erst mal Ruhe an unserem Tisch. Seit fast zwei Stunden sitzen wir nun schon hier. Ich habe das Gefühl, sie rechnet damit, ich würde den Kopf schütteln, sie schelten. Ihr sagen, ihre Geschichte sei zu schräg für mein Buch.

»Um auf Ihre Ausgangsfrage zurückzukommen«, setze ich stattdessen an, »ja, ich denke, dass Sie Ihrem Liebeskummer zu viel Zeit gegeben haben, Angelika.« Sie fühlt sich bestätigt, das sehe ich ihr an. »Aber ich meine das ganz anders, als Sie jetzt vielleicht glauben.« Nun ist sie irritiert. »Strenge wird bei Ihnen nicht helfen. Denn der einzige Fehler, den Sie in den vergangenen zehn Jahren gemacht haben, ist, dass Sie sich selbst nicht ernst genug genommen haben. Auf der Parkbank, beim Arzt, nach der langen Trennung – es gab doch immer einen Grund, warum Sie so und nicht anders handelten. Nach dem sollten Sie forschen, anstatt sich Vorwürfe zu machen.«

Ihre Augen spiegeln eine Mischung aus Unglaube und Hoffnung wider. »Was denken Sie, wie viele Frauen und Männer mir schon begegnet sind, denen es ähnlich geht«, lege ich also nach. »Die nach Glück und Liebe suchen und denken, beides nur bei einem bestimmten Partner finden zu können. Aber genau das ist der Trugschluss. Das, was Sie brauchen, können nur Sie selbst sich geben, aber bisher haben Sie einfach an der falschen Stelle gesucht.« Sie beginnt zu weinen.

»Wären Sie damals doch bloß bei einem etwas sensibleren Arzt gelandet«, sage ich schließlich. »Dann wären Sie jetzt vielleicht schon viel weiter. Er hätte Ihnen raten sollen, sich professionelle Hilfe zu holen, anstatt Ihnen Schlafmittel zu verschreiben.« Angelika schluchzt, lächelt aber. »Das ist wirklich das erste Mal, dass ich das Gefühl habe, dass mich jemand nicht als hoffnungslos abstempelt.« Es macht mich sehr traurig, das zu hören. Spontan nehme ich die mir eigentlich fremde Frau in den Arm. »Das tut mir so leid. Am wichtigsten ist jetzt, dass auch Sie selbst das nicht mehr tun. Sie sind eine intelligente Frau, Angelika. Und sie machen das alles nicht grundlos, bitte glauben Sie mir. Ihr Herz braucht irgendetwas und momentan denkt es, das wäre dieser Mann. Aber nur, weil Sie noch nicht gefunden haben, wonach Sie wirklich suchen. Also machen Sie sich auf den Weg! Dafür ist es niemals zu spät.«

Freifahrt

Thea, 32 Jahre

Datum: 05 Aug 2012 21:35
Von: Thea
An: meinegeschichte@die-liebeskuemmerer.de
Betreff: Experiment gegen Liebeskummer

Liebe Liebeskümmerer,

es ist Sonntagabend, kurz nach halb zehn, ich sitze auf meinem Sofa und bin wieder mal erschöpft vom Weinen. Schon seit drei Monaten geht das jetzt so. Fast jeder meiner Abende endet mit Tränen. Ich weine, bis ich so müde bin, dass ich ins Bett falle und einschlafe. Dann träume ich von meinem Ex-Freund. Meistens irgendwas Schönes, leider, dann tut die Realität beim Aufwachen extra weh. Ich habe Augenringe und Angst, dass die Grübelfalten auf meiner Stirn nie wieder verschwinden. So geht's einfach nicht weiter mit mir und meinem Leben. Es ist, als hätte jemand die Pause-Taste gedrückt. Deshalb will ich morgen ein Experiment starten. Ich schreibe Euch davon, weil ich glaube, dass mir das ein Ansporn ist.

Also: Ich war fast ein Jahr lang mit meinem Freund zusammen, als er mir Ende April eröffnet hat, dass er zurück zu seiner Ex geht. Die beiden haben ein dreijähriges Kind zusammen. Eigentlich hätte ich mir denken können, dass das irgendwann passiert. Daniel und die Mutter der

Kleinen waren erst kurze Zeit getrennt, als wir uns kennenlernten. Ich hätte viel genauer hingucken müssen, bevor ich mich auf ihn eingelassen habe. Aber vor lauter Verliebtsein hab ich alle Zweifel beiseitegeschoben. Nun sitze ich hier und verkrieche mich, während er vermutlich so sehr mit seiner süßen kleinen Familie beschäftigt ist, dass er gar nicht dazu kommt, an mich zu denken. Ganz ehrlich, ich fühle mich das erste Mal in meinem Leben wirklich einsam.

Ich bin selbständig und arbeite von zu Hause aus, die letzten Wochen hab ich trotz des schönen Wetters fast komplett hier in meiner Wohnung verbracht. Mittwoch musste ich allerdings zum Zahnarzt, und das war im Nachhinein gar nicht schlecht. Im Wartezimmer bin ich nämlich auf einen Artikel mit Tipps gegen Liebeskummer gestoßen. Ich habe die Seite rausgerissen: »Werden Sie aktiv«, steht da. »Gehen Sie raus, treffen Sie Freunde, machen Sie eine Reise, fangen Sie eine neue Sportart an. Bauen Sie sich neue positive Strukturen auf.« Total banal, werdet Ihr sagen. Aber für mich war es ein Aha-Erlebnis! Nicht, weil ich das alles noch nicht gewusst habe, sondern weil es mir vorkam wie ein Zeichen. Ich sollte mein Leben endlich wieder in die Hand nehmen!

Nur wie? Darüber habe ich auf dem Behandlungsstuhl nachgedacht. Auf die Idee hat mich dann mein Handy gebracht, das schleppe ich im Moment nämlich wirklich überall mit hin, für den Fall dass er sich doch noch mal meldet. Also: In meinem Adressbuch stehen viele liebe alte Freunde, die ich ewig nicht mehr gesehen habe, weil sie sonst wo leben. Und ich denke schon länger, dass ich eigentlich viel zu wenig von der Welt sehe. Wenn ich mir also vornehme, ausgerechnet jetzt mal alle von ihnen zu besuchen, die in Europa wohnen und die ich seit mehr als zwei Jahren nicht mehr getroffen habe, kann ich die meisten Punkte auf der Liste auf einen Schlag erfüllen: aktiv werden, rausgehen, Freunde treffen, eine Reise machen. Nur der Sport fällt hinten über, aber damit komm ich ganz gut klar …

Später zu Hause kam ich beim Nachzählen auf 17 gute alte »zu lang nicht mehr gesehene« Freunde. Etwas viele also habe ich in sehr gute alte Freunde eingegrenzt, danach waren es nur noch 9. Wenn ich bei jedem drei, vier Tage bliebe, wär ich etwas länger als einen Monat unterwegs. Das wäre total okay, weil ich eigentlich von überall aus arbeiten kann, wo es Internet gibt.

Als Nächstes hab ich also geguckt, wer wo wohnt, rumtelefoniert und Flüge gecheckt, um zu entscheiden, zu wem ich zuerst fahren könnte. Es tat allein schon so gut, mich mal wieder auf was anderes als den Liebeskummer zu konzentrieren! Aber das Verrückteste ist: Morgen früh um kurz nach acht startet in Stuttgart nun wirklich meine Maschine nach Zürich ... Da lebt meine alte Kindergartenfreundin Caro.

Aaaaber: Gerade kriege ich irgendwie kalte Füße und bin mir nicht mehr so sicher, ob das alles wirklich eine gute Idee ist!? Mit Telefon und Laptop ist das im Ausland ja so eine Sache, unter Umständen krieg ich erst mit viel Zeitverzögerung mit, wenn er sich meldet. Der Gedanke stresst mich ein bisschen. Oder er steht hier bei mir vor der Tür, will alles rückgängig machen, und ich bin nicht da? Unwahrscheinlich und vielleicht auch zu spät, werdet Ihr sagen. Aber solche Überlegungen gehn mir halt durch den Kopf. Wenn ich fahre, lasse ich ihn in gewisser Weise los. Und obwohl ich weiß, dass es das einzig Richtige ist, macht es mir Angst. Und irgendwie auch ein schlechtes Gewissen. Als wäre das eine Art Verrat. Nur – woran eigentlich?

Durcheinander!!!

Viele liebe Grüße, und ich schicke die Mail jetzt wirklich ab ...
Immerhin das!

Eure Thea

Datum: 06 Aug 2012 08:42
Von: Die Liebeskümmerer
An: Thea
Betreff: Über den Wolken

Liebe Thea,

während ich diese Antwort an Dich schreibe, hoffe ich sehr, dass Du gerade in einem Flugzeug nach Zürich sitzt und hoch über den Wolken siehst, dass die Sonne scheint! Was für eine unglaublich tolle Idee Deine Reise ist. Wir sind hier alle ganz begeistert!

Und: Deine »kalten Füße« sind völlig normal! Bitte lass Dich davon nicht bremsen. Sein eigenes Leben nach einer Partnerschaft wieder zum Zentrum des Geschehens zu machen, fühlt sich für die allermeisten Menschen seltsam an. Deswegen passiert es in der Regel ja auch in ganz kleinen Schritten. Solang man ständig über den anderen nachdenkt und auf ein Zeichen wartet, ist man eben doch noch auf bestimmte Art miteinander verbunden, und so absurd es klingt: Das gibt Sicherheit. Was Du jetzt vorhast, ist ein Riesensprung: Du willst loslassen. Und es ist vollkommen klar, dass Dir das Angst macht. Zum Beispiel, weil ungewiss ist, was danach kommt. Aber einen Versuch ist es allemal wert – Du kannst ja jederzeit nach Hause kommen. Also: Falls Du diese E-Mail nicht in Zürich, sondern (noch oder wieder) in Tübingen empfängst, denk über die nächste Maschine nach, Thea!

Wir freuen uns in jedem Fall, wieder von Dir zu hören, ganz egal von wo aus! Und müssen gestehen, dass wir nun richtig gespannt sind …

Alles Liebe
Elena
    + Die Liebeskümmerer

Liebe Elena, liebe Liebeskümmerer,

ich bin unterwegs – ich kann es selbst nicht fassen. Und es war auch keine leichte Geburt! Auf dem Weg vom Wartebereich ins Flugzeug hab ich ernsthaft überlegt umzudrehen, aber am Ende bin ich eingestiegen! Weil mir genau das durch den Kopf ging, was Ihr geschrieben habt: Zurückkommen kann ich immer noch, jederzeit. Ich bin ja jetzt wieder frei zu tun und zu lassen, was ICH will, haha … Mein erster »positiver« Gedanke zu dieser Trennung.

Ich freue mich sehr über Eure schnelle Reaktion, damit hatte ich gar nicht gerechnet! Meinen Freunden in Tübingen wollte ich nicht von meinen Plänen erzählen, so lang ich nicht unterwegs war. Irgendwie hatte ich das Gefühl, ich könnte das nur allein entscheiden. Mit ein bisschen Zuhör-Unterstützung von den Liebeskümmerern … Danke!

Während ich schreibe, arbeitet Caro. Heute Abend koche ich was für uns, und dann werd' ich ihr alles erzählen. Ich bin gespannt auf ihre Meinung. Sie hatte vor Jahren auch mal schlimmen Liebeskummer, daran erinner ich mich noch gut.

Viele liebe Grüße aus Zürich
Thea

Datum: 06 Aug 2012 16:31
Von: Die Liebeskümmerer
An: Thea
Betreff: Super!

Liebe Thea,

toll, dass Du wirklich ernst gemacht hast – Du wirst sehen, der Abstand tut Dir gut! Und allein, dass Du neun liebe Leute kennst, die Du einfach mal eben so besuchen kannst, ist ja schon super und wirklich nicht selbstverständlich!

Wir freuen uns für Dich, und bitte melde Dich jederzeit wieder!

Alles Liebe
Elena
    + Die Liebeskümmerer

Datum: 14 Aug 2012 02:16
Von: Thea
An: meinegeschichte@die-liebeskuemmerer.de
Betreff: Montpellier

Liebe Elena und liebe Liebeskümmerer,

nach drei fast durchgemachten Nächten mit Caro in Zürich habe ich mir einen Wagen gemietet und bin losgefahren. Nach einem Zwischenstopp in Grenoble bin ich seit Samstag in Montpellier bei meinem Ex-Freund Frederik (wir waren mit Mitte zwanzig ein Paar).
    Mit dem Auto hier runter zu fahren, war Caros Idee, sie kennt die Strecke und meinte, die Landschaft wäre wunderschön und man könnte

gut nachdenken. Sie hatte so recht! Die Fahrt hat mich zurück auf die Erde geholt, im positiven Sinn. Ich bin ganz entspannt gefahren, Fenster runter, Sommerluft um die Ohren, laute Musik und viel Mitsingen … Ein paar Mal kamen mir die Tränen, aber selbst das war irgendwie gut. Was Daniel wohl sagen würde, wenn er wüsste, was ich gerade mache? Würde er sich wünschen, dabei zu sein? Oder sich freuen, mir zu einem so tollen Erlebnis »verholfen« zu haben? Und ist es nicht absurd, dass ich mir darüber überhaupt Gedanken mache???

Die Begegnung mit Frederik hat mir in Erinnerung gerufen, wie schlimm auch unsere Trennung für uns beide damals war. Und jetzt bin ich hier und rede ausgerechnet mit ihm über einen anderen Mann! Zwischen uns ist ganz viel Nähe und Vertrautheit, aber unsere Freundschaft ist wirklich nur noch platonisch. Es tut gar nichts mehr weh! Hätte ich damals auch nicht mit gerechnet, dass das mal so wird. Das macht Hoffnung, dass es mir mit Daniel auch mal so gehen wird.

So, ich mache Schluss und lege mich zu Frederik ins Bett, er schläft schon. So ein bisschen körperliche Nähe tut mir ganz gut gerade, obwohl es sich am Anfang sehr fremd anfühlte. Frederiks Körper ist ganz anders als Daniels, schmaler und ein bisschen kleiner. Wie sehr man sich daran gewöhnt, wie sich jemand anfasst, wie er riecht … Wir kuscheln eh nur, mehr ist undenkbar.

Viele liebe Grüße
Eure Thea

PS: Ist es wirklich okay, dass ich schon wieder schreibe? Jedenfalls müsst Ihr mir nicht antworten!

Liebe Thea,

Du klingst viel besser – es scheint, Deine Liebeskummer-Reise wirkt schon ein bisschen! Und natürlich interessiert uns Dein Bericht von unterwegs. Genau solche Beispiele suchen wir doch für unser Buch, vielleicht ist Deine Geschichte später eine tolle Anregung für ein paar Leser, auch die Koffer zu packen. Es gibt diesen Film mit Julia Roberts, »Eat, Pray, Love«, kennst Du ihn? Das ist die Hollywood-Version Deiner Reise. Aber Du bist echt, Thea! Und das freut uns umso mehr.

Falls Du irgendwann zum Schreiben kommst, würde uns sehr interessieren, wie Du Deinen Liebeskummer wegen Frederik damals eigentlich »losgeworden« bist. Erinnerst Du Dich noch daran?

In Deutschland versäumst Du nichts, das Sommerwetter hat sich vorerst wieder verabschiedet. Mach weiter so!

Alles Liebe
Elena
    + Die Liebeskümmerer

Datum: 15 Aug 2012 14:16
Von: Thea
An: meinegeschichte@die-liebeskuemmerer.de
Betreff: Nachricht von ihm!!

Liebe Elena,

er hat geschrieben. Der Augenblick, auf den ich die ganze Zeit gewartet habe. Aber dann so ein Schlag. Ich bin heilfroh, dass ich fast 1000 Kilometer von ihm entfernt bin und Frederik gleich nach Hause kommt. Am liebsten würde ich einfach ohnmächtig, aber bisher kommen nicht mal Tränen. Ich kann es einfach nicht fassen. Leite Dir die Mail weiter.

Thea

Datum: 15 Aug 2012 14:24
Von: Thea
An: meinegeschichte@die-liebeskuemmerer.de
Betreff: Fw: Zukunftspläne

Hallo Thea,

ich habe lang überlegt, ob ich Dir schreibe, weil wir uns seit April nicht mehr gehört haben, mit gutem Grund. Aber es hat sich etwas verändert, und mir ist wichtig, dass Du es von mir selbst erfährst, nicht von jemand anderem: Miriam und ich werden heiraten. Es läuft alles sehr gut, und ich möchte jetzt für stabile Verhältnisse sorgen, auch für die Kleine.

Du bist eine wunderbare Frau, Thea, und es tut mir leid, dass ich Dir weh getan habe. Unser Jahr war toll, aber wir hätten uns früher begegnen müssen, ich bin einfach nicht mehr frei. Das hätte ich mir vorher überlegen sollen, ich weiß. Wenn ich könnte, würde ich die Zeit zurückdrehen. So bleibt mir nur zu hoffen, dass Du meine Entschuldigung annehmen kannst. Ich wünsche Dir, dass Du einen Mann findest, der erkennt, was für ein großartiger Mensch Du bist. Und ich würde mich freuen, wenn wir uns irgendwann wieder einmal sehen oder hören.

Viele Grüße
Daniel

Datum: 15 Aug 2012 14:28
Von: Die Liebeskümmerer
An: Thea
Betreff: Re: Nachricht von ihm!!

Bist Du noch da?

Datum: 15 Aug 2012 14:29
Von: Thea
An: meinegeschichte@die-liebeskuemmerer.de
Betreff: Re: Re: Nachricht von ihm!!

Ja, ich bin wie gelähmt. Das kann doch nicht wahr sein. Wenn er sie jetzt heiratet, dann, keine Ahnung, das fühlt sich an, als hätte ich mir unsere Beziehung nur eingebildet. Er hat doch gesagt, er liebt mich. Und jetzt heiratet er eine andere? Das fühlt sich so fremd an. Als hätte es mit mir gar nichts zu tun, niemals zu tun gehabt. Warum hab ich dann überhaupt Liebeskummer? Soll ich lachen oder weinen?

Datum: 15 Aug 2012 14:35
Von: Die Liebeskümmerer
An: Thea
Betreff: Re: Re: Re: Nachricht von ihm!!

Ich kann Dich so gut verstehen, Thea. Und ich bin gerade ehrlich gesagt ziemlich froh, dass Du im sonnigen Montpellier in Gesellschaft bist und nicht allein in Deiner Tübinger Wohnung. Geh raus an den Strand und rede mit Deinem Freund Frederik über die Mail. Ruf Deine Freundinnen an. Und je nachdem, wie es Dir dann später oder in den nächsten Tagen geht, können wir auch ein Telefonat mit jemandem aus unserem Team für Dich organisieren. Okay? Zu seiner Nachricht: Krass. Aber ohne ihn zu kennen, klingt das für mich sehr aufrichtig. Es tut ihm wirklich leid. Und er hat großen Respekt vor Dir, sonst würde er nicht schreiben. Wenig tröstlich im Moment, ich weiß, aber irgendwann wirst Du es erkennen und Dich darüber freuen können. Melde Dich bitte unbedingt wieder. Falls ich bis morgen Abend nichts von Dir höre, schreibe ich wieder.

Viele liebe Grüße
Elena (diesmal ohne andere Liebeskümmerer)

Datum: 16 Aug 2012 17:06
Von: Thea
An: meinegeschichte@die-liebeskuemmerer.de
Betreff: Planänderung

Liebe Elena,

es geht mir gut (erstaunt mich selbst). Frederik hat meine Reise mit dem Betreten eines Sprungbretts verglichen. Man steigt hoch, bleibt aber vorn an der Kante stehen, um zu überlegen, ob man auch wirklich springen will. Bisher hab ich da gestanden und gezweifelt. Aber Daniels Mail war wie der Schubs, den ich noch brauchte. Und nun, wo ich unterwegs bin, habe ich die Chance, vom Fünfer zu springen, anstatt zu Hause vom Beckenrand zu hüpfen. So versuche ich das gerade zu sehen.

Also: Ich habe beschlossen, meinen Ausflug zu verlängern. Vielleicht ist das jetzt eine Kurzschlussreaktion, aber es fühlt sich richtig an. Mich zieht nichts zurück nach Hause, und das Autofahren hat mir so gut getan! Frederik wird mir helfen, einen alten Wagen zu kaufen, und dann wird das hier ein Roadtrip Richtung Stockholm und zurück, mit Umwegen. Ich möchte erst dann wieder zurück nach Tübingen, wenn ich Daniel auf der Straße über den Weg laufen kann, ohne dass es mir weh tut. Wahrscheinlich gehen meine ganzen Ersparnisse dafür drauf, aber das Geld als Sicherheit für schwere Zeiten zu horten bringt's ja auch nicht. Das hier sind schwere Zeiten!

Ich melde mich wieder von unterwegs, jetzt muss ich mich um das Auto kümmern. Ich hab ihm übrigens geantwortet. Du hast nämlich total recht, das war ein guter Zug von ihm, und ich möchte keine Spielchen spielen. Habe nichts davon erwähnt, was ich mache, sondern nur geschrieben, dass ich ihm alles Gute wünsche und ich mich auch freue, falls wir uns mal wieder begegnen. Das wird ja noch dauern …

Liebe Grüße
Deine Thea

Datum: 16 Aug 2012 17:52
Von: Die Liebeskümmerer
An: Thea
Betreff: Guter Plan

Liebe Thea,

unglaublich, wie stark und mutig Du bist. Sei ein bisschen stolz auf Dich.
Oder nein, besser sehr!!! Wir drücken Daumen für den Autokauf.

Alles Liebe
Elena
    + Die Liebeskümmerer

Datum: 24 Aug 2012 17:06
Von: Thea
An: meinegeschichte@die-liebeskuemmerer.de
Betreff: Stadt der Liebe

Liebe Elena, liebe Liebeskümmerer,

entschuldigt, dass ich so lang nichts habe von mir hören lassen. Erst hat
mich die Suche nach einem passenden Auto beschäftigt, und als wir
eines gefunden hatten (ein uralter blauer Volvo!), sind wir sofort aufge-
brochen. Frederik hat mich bis nach Paris begleitet. Er kennt Mel, die ich
unterwegs in Nantes besucht habe, auch sehr gut. Heute Mittag habe
ich ihn an der Gare du Nord abgesetzt und bleibe eine Nacht allein im
Hotel.
    Bei Mel war es total schön, trotzdem war ich froh, dass Frederik
dabei war. Mel ist eine sehr gute Freundin von mir, aber sie hatte noch
nie Liebeskummer. Könnt Ihr Euch das vorstellen? Sie hat ihren jetzigen
Mann während ihres Auslandssemesters kennengelernt, da waren wir

22. Er war ihr erster Freund. Seitdem läuft bei den beiden einfach alles wie geschmiert! Wahnsinn, oder? Das erste Kind ist schon da, das zweite kommt, das Haus wird gebaut, er macht Karriere, sie sind glücklich und verliebt. Mel kann nicht verstehen, wie ich mich fühle, selbst wenn sie sich noch so sehr anstrengt. Vielleicht hätte ich mich ohne Frederik deswegen ab und zu ein ganz kleines bisschen einsam gefühlt. So aber war es gut und Mel hat ein spannendes Programm für uns drei organisiert.

Wo jetzt alles ein bisschen gesackt ist und ich hier so im Jardin de Luxembourg sitze und die vielen Menschen beobachte, frage ich mich, ob ich Mel eigentlich beneide. Momentan wünsche ich mir nichts anderes, als dass der Schmerz weggeht. Aber wenn ich zurückblicke, waren Liebeskummer-Phasen in meinem Leben (zwischen Frederik und Daniel gab's noch eine andere) zwar richtig fies, solang ich drinsteckte, hatten im Nachhinein aber auch ihr Gutes. Weil ich mich so intensiv mit mir selbst beschäftigt habe. Und sie haben mich immer auch ein Stück weiter gebracht, irgendwie.

Gestern auf der Fahrt habe ich mit Frederik darüber gesprochen, wie das bei uns damals war (wegen Eurer Frage). Vier Jahre waren wir zusammen, mit 26 auseinander. Zu dem Zeitpunkt war die Luft raus, wir waren gute Freunde in derselben Wohnung. Trotzdem hätten wir bestimmt noch eine Weile so weitergemacht, wäre Frederik nicht nach Berlin gezogen. Es gab ja nie Streit oder so was. Die Trennung wollten wir beide, aber sie tat sehr weh. Wir hatten uns einfach so krass aneinander gewöhnt. Ich hab ihn gefragt, was er meint, wieso wir dann doch relativ gut voneinander losgekommen sind, und es tat gut zu hören, dass er das genauso sieht wie ich. Ich denke, da kamen drei Faktoren zusammen:

Erstens die räumliche Trennung. Ich war in Stuttgart, Frederik in Berlin. Das ist nicht so um die Ecke, dass man sich mal kurz sehen kann, wenn man sich vermisst. Die Wunde wurde nicht immer wieder aufgerissen, es war leichter, auf Abstand zu gehen. Und weil es in dieser Zeit keine Dramen gab, haben wir es geschafft, später wieder Freunde zu werden.

Zweitens der neue Lebensabschnitt, neue Eindrücke, neue Bekanntschaften, neuer Input. Ablenkung!

Und drittens – und das ist für mich persönlich der wichtigste Punkt – hatte ich mit 26 das Gefühl, mein ganzes Leben läge noch vor mir. Ich war mir sicher, dass es das nicht gewesen sein konnte! Wie der Reiter, der vom Pferd fällt, autsch schreit, sich kräftig schüttelt und wieder aufsteigt. Soll heißen: Nachdem die erste Trauer vorbei war, kam die Überzeugung, dass es da draußen einen Mann gab, der noch besser zu mir passte als Frederik.

Mit 32 seh ich das ein bisschen anders. Ich bin ernsthafter geworden in Beziehungen und wäre nicht mehr mit jemandem zusammen, ohne mir eine langfristige gemeinsame Zukunft zu wünschen. Mit jeder gescheiteren Partnerschaft schwindet meine Hoffnung, dass ich den »Richtigen« überhaupt noch finde. Torschlusspanik ist ein fürchterliches Wort, so hoffnungslos. Aber seien wir doch mal ehrlich: Die Zeit läuft mir davon, und der Abschied von einem Mann, mit dem es – theoretisch – hätte klappen können, fällt mir jetzt so schwer wie nie. Mal abgesehen davon, dass Daniel wirklich mein Traummann war, bis auf das kleine familiäre Detail, das wohl leider ziemlich schwer wiegt.

Mir dämmert gerade, dass das im Umkehrschluss bedeutet, dass ich mir den Kummer etwas leichter machen kann, wenn ich in meine Zukunft vertraue. Darauf, dass eine neue Liebe kommen wird. Nur wie zum Teufel soll ich das machen?

Was für doofe Gedanken für einen Besuch in der Stadt der Liebe!

Alles Liebe (-skummer)
Thea

Liebe Thea,

wir finden Deine Gedanken gar nicht doof. Im Gegenteil:

Du hast auf Deiner Reise bisher festgestellt, dass Liebeskummer für Dich nicht nur schlecht ist, sondern auch positive Seiten hat – zum Beispiel, dass er Dich dazu bringt, aus Deinen üblichen Gewohnheiten auszubrechen und etwas Neues auszuprobieren. Du hast gespürt, wie wichtig es ist, jetzt Menschen um Dich zu haben, die wissen, wovon Du sprichst – aber auch solche, die Dir Ablenkung schenken. Dir ist klargeworden, dass Abstand das wirksamste Mittel ist, um Dich von Deinem Ex-Freund zu lösen. Und Du vermutest, dass Dauer und Intensität des Liebeskummers auch ganz viel damit zu tun haben könnten, wie sehr Du Dich selbst schätzt und was Du Dir zutraust.

Auch, wenn Du noch ein paar Umwege fährst bis Stockholm, Thea, *WIR* denken, was den Zweck Deiner Reise angeht, bist Du auf dem direktesten Weg!

Alles Liebe
Elena
    + Die Liebeskümmerer

Liebe Elena,

Deine letzte Mail liegt seit gestern Morgen neben mir auf dem Beifahrersitz. Sie wird von jetzt an mein Reisebegleiter. Jedes Mal, wenn ich gedanklich vom Weg abkomme, soll sie mir in Erinnerung rufen, wohin ich eigentlich will!

Vielleicht hätte ich all das, was mir jetzt durch den Kopf geht, auch irgendwann in Tübingen überdacht. Aber ich bin mir sicher, dass es noch eine Weile gedauert hätte. Den Sprung zu wagen und mich auf etwas Neues einzulassen, war wie ein Katalysator. Es gibt doch so einen Spruch: »Auch der weiteste Weg beginnt mit einem ersten Schritt«. Den hab ich gemacht – und Ihr habt mir dabei geholfen. Ab jetzt ist der Weg das Ziel. *DANKE*!

Vor mir liegen Bremerhaven, Sylt, Kopenhagen, Oslo, Stockholm und mal sehen, was noch. Falls ich auf dem Rückweg in Berlin vorbeikomme, melde ich mich bei Euch – dann habe ich sicher ein paar neue Geschichten im Gepäck.

Alles, alles Liebe
Deine Thea

Kavalier

Julian, 42 Jahre

Julian lernte ich im Januar 2013 am Berliner Grunewaldsee kennen. Ich ging mit meinen Hunden Lasse und Jule spazieren und machte gerade Pause an einer der Badestellen, als ein auffällig schöner Rhodesian-Ridgeback-Rüde anfing, ausgelassen mit meiner Hündin zu toben. Er bellte, sprang auf sie zu und packte sie knurrend im Nacken. Als sie weglief, raste er im gestreckten Galopp hinter ihr her, bis Jule einen zu engen Haken schlug und er mit seinem ganzen Gewicht über sie hinwegwalzte. Der Sand stob in alle Richtungen – und der kleine Körper meiner Hündin wurde beängstigend verbogen –, aber sie stand auf, quietschte vor Vergnügen und wollte mehr davon haben.

»Tja, da haben wir's mal wieder. Man muss ein Rüpel sein, um bei den Frauen anzukommen«, bemerkte lachend der Besitzer des Ridgebacks, der den Hunden aus ein paar Metern Entfernung beim Spielen zusah. Ich schaute zu ihm rüber. Er war sicher einen Meter neunzig groß, breit gebaut und mit seinem navygrünen Parker und den Camel Boots für mich das typische Ridgeback-Herrchen. »Woher wissen Sie das, sind Sie etwa auch ein Rüpel?«, fragte ich grinsend. »Nein, eben nicht!«, antwortete er und zuckte ausladend mit den Schultern, »mein Hund verzweifelt noch an mir!« Ich hielt das für die blanke Ironie, deswegen legte ich nach. »Er wünscht sich ein Frauchen, und Sie finden keins, weil Sie einfach zu nett sind?« Der Ridgeback-Mann steckte demonstrativ die Hände in die Manteltaschen und guckte mich mit gespielter Empörung an: »Ja, allerdings! Genauso ist es. Sie glauben mir wohl nicht!« Ich lächelte. »Irgendwie nicht, nein. Wie der Herr, so der Hund, Sie wissen doch …« Er winkte ab. »Ach das. Ja, aber der Hund war ja vor mir da. Ich meine, ich hab ihn mir nicht ausgesucht.« Jetzt mussten wir beide lachen. »Ich bin Julian«, sagte er schließlich und reichte mir die Hand, »und das ist Hektor, der vorher meiner Ex-Freundin gehörte.« Ich schmunzelte. »Das sind Lasse und Jule. Und ich bin Elena und beschäftige mich zufälligerweise professionell mit dem Thema Liebeskummer. Für den Fall, dass Sie mir Ihr Herz ausschütten wollen …« Eigentlich sollte das ein Witz sein – aber plötzlich wechselte Julians Gesichtsausdruck von amüsiert zu interessiert. »Ernsthaft?«, fragte er. »Was genau heißt das?« »Na ja, mein Team und ich helfen Menschen mit Liebeskummer. Und gerade schreibe ich an an einem Buch zu dem Thema.« »Wahnsinn«, sagte Julian, »da könnte ich eine Menge beisteuern. Suchen Sie Beispiele?« Er war ein wirklich sympathischer Mann, und ich wollte ohnehin noch einmal um den See gehen. »Ja, das tue ich wirklich. Laufen Sie doch eine Runde mit mir«, schlug ich vor, »Jule freut sich auch, wenn Hektor noch ein bisschen mit ihr rumrüpelt.« Julian steckte zwei Finger in den Mund, woraufhin ein gellender Pfiff ertönte. Hektor guckte augenblicklich hoch und kam zu seinem Besitzer gerannt. »Wow, gehorchen tut er aber«, bemerkte ich. Julian lächelte. »Wir sind ja auch beste Kumpels«, erklärte er. Dann liefen wir los, und er begann zu erzählen.

Julians letzte Beziehung lag gute zweieinhalb Jahre zurück. Er war eines Abends von der Arbeit nach Hause gekommen und hatte seine Lebensgefährtin mit einer gepackten Reisetasche am Küchentisch vorgefunden. Sie habe sich in seinen besten Freund verliebt, sagte sie, und sie werde Julian verlassen. Julian konnte nicht fassen, was er da hörte. Wie lang das schon ging mit den beiden, wollte er wissen. Da hätte er sie falsch verstanden, antwortete sie. Sie habe sich nur verliebt, gelaufen sei bisher gar nichts, natürlich. Sie gab ihm ihre Schlüssel zurück und kündigte an, ihre Sachen und den Hund zu holen, sobald sie eine neue Wohnung gefunden habe. Julian wusste nicht, wie ihm geschah. Auf einen Schlag hatte er seine Frau und seinen vermeintlich besten Freund verloren. Was ihm blieb, war Hektor, und den war er auch nicht mehr bereit abzugeben, als seine Ex schließlich mit dem Umzugswagen vor der Tür stand. Sie stimmte ohne große Diskussion zu, und der Hund blieb. Julian wunderte sich darüber. Aber nur bis zu seinem 40. Geburtstag. Denn punktgenau an diesem Tag – sechseinhalb Monate nach besagtem Trennungsgespräch – brachte seine Ex den Sohn seines »Freundes« zur Welt. Und der war nicht etwa ein Frühchen. Für wie dumm mussten die beiden ihn halten. Zumindest sorgte diese Desillusionierung dafür, dass Julians Liebeskummer von jetzt auf gleich verschwand.

Das allein hätte mir als Stoff schon genügt. Aber eigentlich wollte Julian mir erzählen, dass er seit damals anders auf Frauen zuging und seine Erfolgsquote dadurch leider deutlich gesunken war. Sein Liebeskummer hatte ihn verändert. War er früher locker und oft sogar mit einem Hang zur Unverbindlichkeit in neue Bekanntschaften gestartet, suchte er jetzt nach einer ehrlichen und langfristigen Beziehung – woraus er keinen Hehl machte. Was er für den Traum jeder Frau gehalten hatte, entpuppte sich jedoch als regelrechtes Flirt-Desaster. Mit seiner offenherzigen Art schlug Julian eine nach der anderen in die Flucht. Um mir das Ganze zu verdeutlichen, erzählte er mir die folgende Episode:

Vor einigen Monaten traf er auf einer Feier bei seinem (neuen) besten Freund auf eine gemeinsame Bekannte, die ihm schon seit Jahren immer mal wieder in größerer Runde über den Weg lief. Zwischen ihr und Julian hatte es eigentlich schon beim ersten Kennenlernen geknistert. Aber irgendwie war immer einer von ihnen vergeben, so dass sich nie mehr daraus entwickelt hatte. Bis zu diesem Abend. Sie unterhielten sich großartig, tauschten Telefonnummern, und Julian konnte sein Glück kaum fassen. Er wollte keine Zeit verlieren. Also schrieb er ihr schon am nächsten Morgen eine SMS und schlug ein Treffen vor. Sie sagte zu – hatte aber erst ein paar Tage später Zeit. Julian hatte als freischaffender Modefotograf selbst immer viel um die Ohren, deshalb verstand er das. Außerdem hatte sein Freund inzwischen mit ihr telefoniert und herausgefunden, wie euphorisch sie in Wirklichkeit war. »Ich hätte niemals gedacht, dass so einer wie Julian sich für mich interessieren könnte!«, hatte sie angeblich gesagt. Was genau sie denn mit *so einer* meinen würde, hakte Julians Freund nach. »Na ja, der ist doch viel zu cool für mich, dachte ich immer«, war ihre Antwort. *Oh, ich werde dir beweisen, dass ich mich verändert habe*, dachte Julian, als er davon erfuhr, und freute sich richtig darauf. Beim gemeinsamen Abendessen zeigte er sich von seiner allerbesten Seite, stellte ihr viele Fragen und hielt sich selbst dezent im Hintergrund. Beim Abschied machte er weder Anstalten, sie zu küssen noch die altbekannte *Zu mir, zu dir oder noch in eine Bar?*-Frage zu stellen. Stattdessen schickte er ihr später eine weitere SMS und schrieb, wie angenehm er die Stunden mit ihr empfunden habe. Da sie zurücktextete »Ja, das fand ich auch, sehr. Gute Nacht!«, fühlte Julian sich bestärkt. Am nächsten Morgen legte er noch einen drauf. Zum ersten Mal in seinem Leben orderte er einen Blumenstrauß bei Fleurop und ließ ihn ihr ins Büro liefern. Dann wartete er gespannt auf eine Reaktion. Als er bis zum Abend nichts von ihr gehört hatte, erkundigte er sich zunächst bei der telefonischen Hotline, ob die Blumen überhaupt zugestellt worden waren. Erst als das feststand, wählte Julian ihre Nummer. Beim ersten Mal nahm sie nicht ab, also versuchte er es kurze Zeit später noch einmal, und schließlich meldete sie sich, offensichtlich ein wenig gestresst. »Danke für die schönen Rosen, Julian«, sagte sie. »Ich hab mich sehr gefreut, es ist bloß so, dass mein Ex-Freund ein Kollege ist und hier mit im Büro sitzt. Der ist total ausgetickt.« Aus dem Fenster geworfen hatte er die Blumen. Mitten auf eine stark befahrene Straße. Was für ein Vollidiot. Julian war untröstlich. Er entschuldigte sich mehrfach, weil sie seinetwegen so einen Ärger gehabt hatte. Und obwohl sie wiederholte, dass es nicht schlimm sei, blieb ein dummes Gefühl, nachdem sie das Gespräch beendet hatten. So ein beschissener Anfang! Wie konnte er das wiedergutmachen? Er kam auf die Idee, sie zu fragen, ob sie Lust hätte, ihn am kommenden Wochenende zur Hochzeit eines Kollegen in ein tolles Hotel an der Ostsee zu begleiten. Sie könnten feiern, Spa machen, und natürlich würde er ganz anständig ein eigenes Zimmer für sie buchen. »Machst du Spaß?«, schrieb sie auf seine Nachricht hin zurück, und Julian nutzte die Steilvorlage: »Nein, im Gegenteil. Ich meine es sehr ernst mit dir!« Sie willigte ein, und wenige Tage später saßen die beiden auf dem Weg ans Meer in Julians Auto.

Die Sonne schien, und Julian strahlte mit ihr um die Wette. So gut hatte er sich lange nicht gefühlt. Zwar piepte das Telefon seiner Beifahrerin alle paar Minuten, aber sie schaute gar nicht hin und schaltete es irgendwann sogar stumm. Auf der Feier wurden die beiden natürlich für ein Paar gehalten, was Julian nicht korrigierte. Er schwieg und genoss diesen wunderbaren Tag. Es war kurz nach Mitternacht und er tanzte gerade mit seiner »Freundin«, als ein für den Anlass viel zu leger gekleideter Mann in den Festsaal stürmte. Er polterte durch den Raum, warf zornig Stühle um, die ihm im Weg standen, und zog in Sekundenschnelle die Aufmerksamkeit der ganzen Gesellschaft auf sich. Alle schauten zu, als er genau vor Julian haltmachte und ihm ohne Vorwarnung ins Gesicht schlug. Seine Begleitung schrie, der fremde Mann brüllte, aber Julian, der dem anderen eigentlich körperlich meilenweit überlegen war, verlor nicht die Beherrschung. »Wer sind Sie, was wollen Sie?«, fragte er stattdessen nur, aber da fasste der andere Julians Begleiterin schon an der Hand und wollte sie hinter sich herziehen. »Es ist okay, Julian, das ist mein Ex. Ich klär das mit ihm und bin sofort wieder da«, sagte sie hektisch, aber sehr überzeugt. Julian blieb allein zurück. Die ganze Angelegenheit war hochnotpeinlich. Um die Situation zu retten, bemühte er sich um Gelassenheit, machte eine witzige Bemerkung und bat alle, einfach so weiterzufeiern, als wäre nichts passiert. Erst nach zwanzig Minuten ging er unauffällig auf die Suche. Als er vor das Hotel trat, sah er gerade noch, wie ein dunkelblauer Porsche mit quietschenden Reifen in die Nacht verschwand. Im selben Moment vibrierte das Handy in seiner Hosentasche. »Es tut mir leid, Julian«, schrieb sie und war weg.

»Ja wie, und dann?« Ich war perplex. Inzwischen waren wir wieder an unserem Ausgangspunkt angekommen und blieben stehen. »Hat der Rüpel eine zweite Chance von der Prinzessin bekommen, während der Kavalier mit leeren Händen ausging …« Julian lachte selbstironisch. »Nicht im Ernst!« Ich legte die Stirn in Falten. »Doch, doch«, beteuerte er, »aber das Krasseste ist, was sie meinem Freund später gesagt hat.« »Was?«, wollte ich wissen. »*Julian ist viel zu lieb für mich, ich hatte mir den ganz anders vorgestellt.* Ich schätze, sie war sehr enttäuscht von mir.« Ich fasste mir an den Kopf, im buchstäblichen Sinne des Wortes. Die Liebe folgt oft seltsamen Gesetzen. »Tja, aber was soll ich jetzt daraus machen?«, erkundigte Julian sich bei mir. »Soll ich wieder der alte Rüpel werden, um nicht allein zu bleiben?« Ich schüttelte mich. »Nein, auf keinen Fall! Sie sind wunderbar, so wie Sie sind, Julian! Ich glaube, es ist nur eine Frage der Zeit, bis eine ebenbürtige Frau auftaucht.« Julian zwinkerte mir zu. »War eh nur Spaß, ich kann das gar nicht mehr rückgängig machen. Aber tatsächlich glaube ich, dass es vielen Männern so geht und die meisten bloß so pseudocool tun, um besser anzukommen. Das ist schade.« Ich nickte.

Mein Blick fiel auf unsere drei Hunde, die es sich im Sand bequem gemacht hatten. Der Ridgeback lag direkt neben Jule und leckte ihr das Fell. »Einen so verzweifelten Eindruck macht mir Hektor gar nicht …«, stellte ich schmunzelnd fest, und Julian guckte liebevoll zu seinem Hund. »Stimmt, wir beiden haben's schon richtig gut zusammen, wenn wir ehrlich sind.« »Na klar, der wird sich noch umsehen, wenn er Sie irgendwann wieder teilen muss«, mutmaßte ich. »Ach, das haben wir längst geklärt«, erwiderte Julian. »Für seine Freundschaftsdienste hat Hektor bei mir Erste-Geige-Rechte auf Lebzeiten. Damit muss sie klarkommen, wenn sie denn kommt.« Er lachte frech, und ich freute mich. »Das wird sie, da bin ich mir ziemlich sicher.«

... und was ist Ihr Tipp gegen Liebeskummer?

»Mir half bei meinem Liebeskummer, viel Sport zu machen und andere Wege zu nehmen und zu fahren, damit ich meinem Ex auch nicht durch Zufall begegnen würde.«
  Jessica, 35 Jahre

»Es ist viel wichtiger herauszufinden, wer man selbst ist, anstatt sich weiterhin zu fragen, wer der andere war.«
  Philipp, 25 Jahre

»Ganz ehrlich? Weinen, weinen, weinen hilft!«
  Simone, 36 Jahre

»Liebeskummer ist wie Achterbahn fahren, mal rauf und wieder runter, aber wenn man es überstanden hat, macht es einen stärker ...«
  Yasmin, 42 Jahre

»Alleine sein, Ruhe haben, nicht ans Telefon gehen, auf dem Sofa liegen, fernsehen, Musik hören, Filme schauen (erst mal keine Liebesfilme, erst später wieder). Wenn Szenen kommen, die zum Liebeskummer passen: den Gefühlen freien Lauf lassen.«
  Julia, 35 Jahre

Knallwach

Katja, 32 Jahre

Draußen ist es so kalt, dass das Wischwasser auf der Windschutzscheibe von Katjas Golf zu undurchsichtigen Schlieren gefriert. Dennoch kommt die junge Frau mit den traurigen Augen nicht umhin, die Wischanlage alle paar Minuten zu betätigen, denn von der Fahrbahn der A2 spritzt unentwegt Streusalz auf. Sie muss immer wieder ihr Tempo drosseln.

Es ist weit nach Mitternacht, zwischen den Autobahnkreuzen Wolfsburg-Königslutter und Braunschweig-Nord. Auf der Straße sind fast keine anderen Fahrzeuge unterwegs, das einzig Erfreuliche an der Eisglätte. So kann nicht viel passieren, wenn Katja mal einen Moment unkonzentriert ist – zum Glück. Denn ihre Gedanken driften ständig von der Fahrbahn ab. Sie ist auf dem Weg nach Hause, nach einer wie immer sehr aufwühlenden Begegnung.

Im Radio kämpft *If you don't know me by now* von *Simply Red* gegen die lauten Lüftungsgeräusche an. Katja will die Musik gerade ganz abschalten, als ein Flackern am Horizont ihre Aufmerksamkeit auf sich zieht. Sehr hell, aber trotzdem irgendwie undeutlich setzt es sich gegen die Dunkelheit ab. Sie fixiert die Stelle, unsicher, ob die Lichtquelle auf oder neben der Fahrbahn liegt. Erst als sie langsam näher kommt, erkennt Katja, dass die A2 direkt auf den Punkt zuführt. Ihr Herz beginnt, schneller zu schlagen.

Als Erstes erkennt sie den Bus. Er ist umgekippt und liegt quer unter einer Autobahnbrücke. An mehreren Stellen lodern riesige, zuckende Flammen aus dem Fahrzeug, dicke Rauchschwaden steigen auf. Sie fangen sich unter der Brücke und geben dem ganzen Bild eine graue Unschärfe.

Noch in einiger Entfernung tritt Katja auf die Bremse, langsam, vorsichtig, um ihren Wagen auf dem rutschigen Asphalt rechtzeitig zum Stoppen zu bringen. Jetzt kann sie sehen, dass neben dem Bus noch zwei kleinere Pkw stehen. Die linke Seite des einen ist eingedrückt, das Heck des anderen komplett zerstört. Katjas Herz rast. Panisch greift sie ihr Handy aus der Mittelkonsole und wählt die 110, während sie sich abschnallt und die Autotür aufstößt. Mit einem lauten Knall geht an der Unfallstelle eines der beiden Autos in Flammen auf.

An das Telefonat mit der Notrufzentrale kann Katja sich später kaum mehr erinnern. Sie ist die erste Person an der Unfallstelle, schreit um Hilfe und legt auf, sobald sie sich sicher ist, dass der Polizist ihre Koordinaten richtig verstanden hat. Dann rennt sie los.

In dem einzigen noch nicht brennenden Fahrzeug entdeckt sie einen älteren Mann, der von der Fahrerseite aus hektisch versucht, den Anschnallgurt seiner Beifahrerin zu lösen. Die Frau hängt zusammengesackt vornüber, vor ihr der noch aufgeblasene Airbag. Katja reagiert in Sekundenschnelle. Sie öffnet die rechte Tür des Wagens und greift nach dem Anschnallschloss, rüttelt und zerrt daran, bis es aufspringt. Dann fordert sie den zitternden Fahrer auf, sofort auszusteigen und sich vom Wagen zu entfernen. Die bewusstlose Frau ist klein und zierlich, Katja schafft es allein, sie aus dem Auto und hinter den äußeren Brückenpfeiler zu hieven.

Am Bus hat inzwischen jemand von innen eine Scheibe eingeschlagen. Zwei Frauen konnten sich nach draußen retten, sie stehen auf der Straße und rufen panisch die Namen von anderen Mitfahrern. Immer wieder zischt es irgendwo, dann folgt eine Explosion. Katja muss schreien, damit die anderen sie verstehen können: »Ich habe die Polizei gerufen, es kommt Hilfe! Es kommt Hilfe!«

Sie wendet sich dem zweiten Pkw zu und sieht als einzigen Insassen einen jungen Mann, höchstens 20 Jahre alt, der seltsam verdreht zwischen Fahrersitz und Beifahrerseite liegt. Er hat die Augen geöffnet und sieht Katja mit angsterfülltem Blick an, seine Lippen formen Worte, aber sein Körper rührt sich nicht. Obwohl der Motorraum des Wagens bereits in Flammen steht, versucht Katja, die Fahrerseite des Dreitürers zu öffnen. Ohne Erfolg. Sie gibt dem jungen Mann ein Zeichen, dass sie es auf der anderen Seite versuchen wird, er versteht. Um sich herum hört und sieht Katja nichts mehr. Da sind nur seine Augen, sein Mund, die sie anflehen, sich zu beeilen, bevor das Feuer auf den Innenraum des Kleinwagens übergreift.

Am Heck vorbei gelangt sie zur Beifahrerseite und reißt an der Tür – aber auch diese gibt nicht nach. Die letzte Möglichkeit ist nun der Kofferraum. Hier springt das runde Schloss sofort auf, Katja stößt die Hutablage beiseite. Jetzt kann sie die Stimme des Fahrers hören. »Ich kann mich nicht bewegen … nein, bitte, nein …« »Ich bin da!«, schreit Katja. Sie zögert keinen Moment, steigt gebückt auf die Ladefläche und versucht über die Rücksitze hinweg nach dem jungen Mann zu greifen. Als sie seine Schulter berührt, bricht er in Tränen aus. Katja will ihn unter den Achseln fassen, ihn nach draußen retten. Aber er ist groß und schwer, und so verdreht, wie er daliegt, finden ihre Hände keinen Halt. Sie zerrt an seiner Jacke, doch sein Oberkörper sackt weg. Sie will brüllen vor Verzweiflung, aus Angst und Ohnmacht, als sie plötzlich spürt, wie sie etwas von hinten packt und aus dem Fahrzeug zieht. Im selben Moment öffnet sich die Beifahrertür des Pkw. Bevor sie das Bewusstsein verliert, erkennt Katja gerade noch die Feuerwehrmänner um sich herum.

Als sie früh am nächsten Morgen das Krankenhaus in Braunschweig verlässt, lasten die Eindrücke der vergangenen Nacht schwer auf Katjas Schultern – und dennoch fühlt sie sich so klar und wach wie seit sehr langem nicht mehr. Die Polizei hat ihren Wagen auf einem Parkplatz in der Stadt abgestellt, sie steigt ein und begibt sich auf direktem Weg in entgegengesetzter Richtung wieder auf die A2.

Um kurz vor acht hält ihr Golf vor einer beeindruckenden Jugendstilvilla. Katja steigt aus und läuft mit festem Schritt auf die Eingangstür zu, durch den gepflegten Vorgarten und vorbei an einer großen Tafel mit der Aufschrift »*Fahlenkamp + Newes, Anwälte & Notare*«. Als sie das Vorzimmer betritt, wird sie von einer büromäßig gekleideten Dame begrüßt, die mit einem dampfenden Kaffee in der Hand an einem großen Schreibtisch in der Mitte des Raumes sitzt: »Oh, guten Morgen, was kann ich für Sie tun?« Katja lächelt. »Entschuldigen Sie die frühe Störung, ich habe keinen Termin«, sie weist mit der Hand auf eine der angelehnten Türen, die vom Empfangsbereich abgehen. »Ich bin eine Freundin von Herrn Fahlenkamp. Er ist doch schon da? Kann ich kurz zu ihm rein? Es geht schnell, ich muss ihm nur eben etwas sagen.« Die Dame wirft einen Blick Richtung Büro und nickt: »Ja, natürlich, solang seine Tür nicht geschlossen ist, geht das.«

Wenige Augenblicke später steht Katja in Thomas Fahlenkamps Büro. Er lehnt an einem seiner großen Regale und sieht sich eine Akte ein. Als er sie bemerkt, entgleiten ihm die Gesichtszüge, für einen Moment sieht er aus wie versteinert. Katja geht auf ihn zu, nimmt ihm die Akte ab und legt sie beiseite. Dann umarmt sie Thomas innig, drückt ihn einige Sekunden fest an sich, bevor sie sich wieder von ihm löst und anfängt zu sprechen: »Es ist vorbei, Thomas. Ich möchte dich nicht mehr sehen, und bitte melde dich auch nie wieder bei mir. Das Leben ist zu kurz, um einen Mann zu lieben, der nicht zu mir steht. Alles kann so schnell vorbei sein. Ich wünsche dir, dass du glücklich wirst mit deiner Frau und den Kindern. Leb wohl.«

Als Katja sich umdreht und den Raum verlässt, zieht sie die schöne, schwere Holztür fest hinter sich zu. Mit einem lauten Knall fällt sie ins Schloss.

Narziss

Jutta, 48 Jahre, Miriam, 27 Jahre, und Kyra, 29 Jahre

Berlin: Kyra saß in der Küche der gemütlichen Altbauwohnung und fühlte sich fremd. Seit drei Tagen lebte sie hier zur Zwischenmiete. Die Wohnung war schön, wirklich, ein Glücksgriff auf die Schnelle nach der Trennung. Aber im Vergleich zu ihrem vorherigen Zuhause kam sie ihr dunkel und beengend vor. *Genauso sieht er uns*, dachte sie. *Er ist der super Typ mit der schicken Dachgeschosswohnung samt Parkblick, ich bin Frau Dritter-Stock-Hinterhaus.* Sie fühlte sich klein und unbedeutend.

Frankfurt: »Ich wünsche Ihnen alles, alles Gute«, sagte im selben Moment Jutta in ihrer Psychotherapiepraxis zu einer Patientin, reichte der jungen Frau die Hand und schenkte ihr ein warmes Lächeln. Sie blickte ihr nach, bis die Eingangstür ins Schloss gefallen war. »Eure letzte Sitzung heute?« Juttas Kollege Ludwig guckte aus der kleinen Praxisküche in den Flur. Die ersten Gespräche mit der Patientin hatten sie vor einem Jahr noch zu viert geführt, gemeinsam mit dem – heutigen – Ex-Partner der Frau. »Ja«, seufzte Jutta. »Ich hoffe so sehr, dass sie die Trennung diesmal durchhält. Aber du weißt ja, wie es ist …« Ludwig nickte. »Das Beste, was ihr passieren könnte, wäre, dass *er* sich endlich seinem Problem stellt.«

Hannover: »Nein, ich verstehe dich nicht!«, fuhr Natascha im Café Kreipe ihre Freundin Miriam an. »Der Typ behandelt dich wie den letzten Dreck, und du gehst immer wieder zu ihm zurück. Wo ist dein Stolz, Miriam? Wo ist meine selbstbewusste Freundin hin? Guck mal deine Facebook-Profilfotos der letzten Jahre durch! Da sieht man, wie du immer trauriger geworden bist im Lauf der Zeit!« Sie schnaufte aufgeregt. »Ich weiß einfach nicht, was ich dir noch sagen soll, damit du endlich von dem Arschloch loskommst. Wenn der doch bloß von außen genauso hässlich wäre wie von innen!« Miriam verbarg ihr Gesicht in den Händen. »Das hat doch damit nichts zu tun. Ich kann dir das so schwer erklären. Das, was zwischen uns ist, ist wirklich etwas Besonderes. Er fühlt sich an wie ein Teil von mir. Und wir haben auch so wunderschöne Momente …« »Aber wie oft? Einmal in vier Wochen? Wach endlich auf, bitte!« Natascha war außer sich vor Wut und Sorge. »Du bist echt nicht mehr die Alte, Miriam.«

Kyra blickte aus dem Küchenfenster und versuchte ein Stück Berliner Himmel zu erspähen. Sie wusste, dass er es so drehen würde, als wäre sie schuld daran, dass er sie betrogen hatte. Oder zumindest, als wäre das Fremdgehen nicht das eigentliche Problem: Wenn sie ihn wegen so was verließ, liebte sie ihn schließlich nicht wirklich, und an seine Seite gehörte eine Frau, die bedingungslos zu ihm stand. Es war zum Verrücktwerden. Vor allem, dass sie ihn tatsächlich liebte und sich von seiner Meinung überhaupt beeindrucken ließ – obwohl sie längst durchschaut hatte, wie verquer seine Weltsicht war. »Ich habe die Vermutung, dass mein Freund (wir sind seit zwei Jahren ein Paar) eine narzisstische Persönlichkeitsstörung hat«, hatte sie vor einigen Monaten im narzissmus.net-Internetforum gepostet, nachdem sie einen Bericht im Fernsehen verfolgt hatte, der ihr wie ein Spiegelbild ihrer eigenen Beziehung vorkam. »Ich liebe ihn, und ich will ihn nicht verlassen, aber das Leben mit ihm ist oft so kräfteraubend und zermürbend. Habt ihr hier Tipps und Ratschläge? Gibt es irgendeinen Weg, mit der Störung umzugehen?« Die erste Antwort kam schnell und unterschied sich nur marginal von den darauffolgenden: »Ja. Nimm die Füße in die Hand und lauf, so schnell du kannst!«

Jutta saß inzwischen mit einer befreundeten Ärztin bei einem kleinen Italiener in Sachsenhausen, nicht weit von der Praxis. »Ich mach mir heute irgendwie Sorgen«, sagte sie nachdenklich. »Vorhin hab ich mal wieder eine junge Frau verabschiedet, die seit Jahren versucht von ihrem Freund loszukommen. Der hat eine narzisstische Persönlichkeitsstörung. Momentan hör ich immer öfter von solchen Fällen.« Die beiden Frauen sprachen selten über die Arbeit, und Juttas Freundin hakte sofort nach: »Narzisstische Persönlichkeitsstörung?« »Ja. Solche Menschen benutzen andere, um Bestätigung von ihnen zu bekommen oder sich Vorteile durch sie zu verschaffen. Eine echte Beziehung, so wie wir die verstehen, mit Geben und Nehmen und gegenseitiger Verantwortung, so was existiert in deren Welt gar nicht. NPSler saugen ihre Partner aus oder demütigen sie, um sich selbst größer zu fühlen. Das ist richtiger Psychoterror. Tief in sich drin sind diese Menschen so klein und unsicher, dass sie ohne permanente Bestätigung von außen in Selbstzweifeln versinken würden. Aber das gestehen sie sich natürlich nicht ein. Deswegen kann man ihnen auch so schwer helfen, leider.« Juttas Freundin runzelte die Stirn. »Das klingt aber nicht gerade nach jemandem, mit dem man gern zusammen sein will. Warum lässt sie das mit sich machen?« Jutta nickte. »Na ja. Auf den ersten Blick sind das oft besonders charismatische und attraktive Menschen. Bis du merkst, dass da was nicht stimmt, ist es oft schon zu spät und du bist bis über beide Ohren verliebt. Der Ex von meiner Patientin schafft es immer wieder, sie einzufangen, weil er genau weiß, in welchem Moment er welchen Knopf bei ihr drücken muss. Zuckerbrot und Peitsche.« »Und du meinst, das ist eine Art Zeiterscheinung?« Jutta seufzte schwer. »Ja, weil die gängigen Wertvorstellungen diese Tendenzen verstärken. Selbstverwirklichung, Unverbindlichkeit, Spaß, du weißt schon. Aber lass uns mal das Thema wechseln«, Jutta lächelte, »wie war euer Urlaub?«

Das Gespräch mit Natascha hatte Miriam völlig fertiggemacht. In den letzten Monaten hatte sie sich häufig dabei erwischt, wie sie ihrer besten Freundin etwas vorflunkerte, was ihre Beziehung anging – oder nein, wie sie Details aussparte, so war es richtig. Sie hatte zu viel Angst vor Nataschas Reaktion. Heute allerdings war es einfach aus ihr rausgeplatzt. Sie hatte erzählt, wie ihr Freund sie vor ein paar Tagen im Baumarkt wieder mal lautstark zusammengefaltet hatte, weil sie mit einer falschen Wandfarbe zur Kasse kam. »Sag mal, bist du zu dämlich, einfach genau die gleiche Farbe noch mal zu holen? Wie blind kann man denn sein, Miriam? Du hast doch Augen im Kopf! Muss ich echt alles selbst machen?« Es war einer dieser Momente gewesen, in denen Miriam am liebsten im Erdboden versunken wäre. Sie merkte, wie die umstehenden Leute ihren Freund und sie irritiert musterten. *So sprechen nur Assis miteinander.* Aber es hatte keinen Zweck, jetzt etwas zu sagen. Er würde nur noch lauter werden. Sie zog ihre ec-Karte aus der Tasche und zahlte wieder mal den Einkauf. Erst draußen vor der Tür drückte sie ihm die Tüte in die Hand: »Streich du besser allein, ich gehe.« Als sie sich zitternd umdrehte und loslief, rief er ihr hinterher: »Die nächsten Tage brauchst du gar nicht nach Hause kommen, ne! Mir reicht's schon wieder mit dir!« Sie war dann zu ihren Eltern gefahren. Ihrer Mutter und ihrem Vater gegenüber hatte sie getan, als wäre nichts Besonderes passiert, denn so traurig das war: Situationen wie diese waren nicht außergewöhnlich. Es dauerte vier Stunden, ehe die erste SMS von ihm kam: »Ich möchte nicht mit dir streiten, Schatz.« Es folgte »Wir sind doch keine kleinen Kinder mehr!« und schließlich: »Du fehlst mir, kommst du kuscheln?« In der Art ging es noch einige Male weiter, ehe Miriam sich von ihren Eltern verabschiedet hatte und zu ihm nach Hause gefahren war. Nataschas harsche Reaktion auf diesen Bericht konnte sie verstehen. Aber eigentlich brauchte sie Rückhalt und keine Vorwürfe. Wenn sie Natascha doch nur irgendwie erklären könnte, was in ihr vor sich ging. Aber sie wusste ja selbst nicht genau, was es war. Hätte ihr vor dieser Beziehung jemand gesagt, dass sie sich so von einem Mann würde behandeln lassen, sie hätte gelacht. Inzwischen fühlte sie sich von ihrem alten »Ich« meilenweit entfernt. Sie war nach dem Cafébesuch gerade in ihrer Wohnung in Hannover-Linden angekommen, da klingelte ihr Handy. Er war dran. »Schatz, kannst du mich in einer halben Stunde bei Alex abholen kommen? Wir sind hier fertig.« »Ich bin grad erst zur Tür rein und muss dringend arbeiten, kannst du nicht mit der Bahn fahren?« »Nee, kann ich nicht. Du kannst doch später arbeiten. Das ist ja wohl echt nicht zu viel verlangt, mal ein bisschen flexibel zu sein. Du bist so eine Spießerin.« Ihr Magen krampfte sich zusammen, aber um einen erneuten Streit zu verhindern, nahm sie den Autoschlüssel wieder in die Hand und machte kehrt. »Na gut, ich komme, aber es muss schnell gehen …«

Als Kyra ihn mit dem Seitensprung konfrontiert hatte, war ihr Freund direkt in den Gegenangriff gestartet. Kein Wort der Entschuldigung oder Einsicht. So war das immer. In Konflikten vergaß er seine große Liebe – sie wurde stattdessen zum Todfeind. Der Hass stand ihm dann ins Gesicht geschrieben, seine »Wut-Ader« auf der Stirn wölbte sich aus und begann wild zu pochen. Wie oft hatte sie versucht ihm zu erklären, dass Kritik an ihm nicht bedeutete, dass sie ihn nicht mehr liebte und dass sie sich ihm auch im Streit verbunden fühlte. Aber er begriff nicht, wovon sie sprach. Meistens ging Kyra Auseinandersetzungen also aus dem Weg, weil jeder noch so kleine Disput eine fundamentale Bedrohung der Beziehung bedeuten konnte. Nun mit dem Seitensprung war ihr aber keine Wahl geblieben, wollte sie nicht den letzten Respekt vor sich selbst verlieren. Im Kopf war sie ja auch ganz klar. Sie hatte viele Bücher zum Thema Narzissmus gelesen. Nur ihrem Gefühl half das wenig. Es würde maximal einige Tage dauern, bis Ärger und Verzweiflung der Sehnsucht wichen, und wie schwer würde es ihr dann fallen, seinen Rückeroberungsbemühungen standzuhalten. Denn die kamen immer. *»Nichts ist für das narzisstische Ich untragbarer, als wenn sich ein Partner aus freien Stücken von ihm abwendet. Deswegen werden Menschen mit NPS in der Regel versuchen, bei Ex-Partnern einen Fuß in der Tür zu behalten.«* Das hatte sie mal gelesen. Und so, wie sie die momentane Situation einschätzte, würde es nicht allzu lang dauern, bis seine Sneaker in ihrem Türrahmen auftauchten. Manchmal kam Kyra sich vor wie eine Fliege, die sich mit jedem Zappeln noch aussichtsloser im Spinnennetz verfing.

Nach dem Besuch beim Italiener fuhr Jutta nach Hause und setze sich an ihren Computer. Sie hatte schon lang nicht mehr ins narzissmus.net-Forum geschaut, aber der heutige Abschied von ihrer Patientin beschäftigte sie noch immer. Sie überflog die neuen Einträge, sowohl die Posts von Betroffenen als auch die von Partnern oder anderen Nahestehenden, die die Störung zu spüren bekamen. Ein paar Mal hatte sie hier zusätzliche Denkanstöße für die Arbeit mit ihren Patienten gefunden. Besonders berührte sie der Eintrag einer jungen Frau mit dem Pseudonym Kyr030. »Das Leben mit meinem Freund bzw. Ex-Freund kommt mir vor, wie mit Dr. Jekyll und Mr Hyde gleichzeitig liiert zu sein. Im einen Moment ist er so unglaublich süß, lustig, charmant und kann Glücksgefühle in mir auslösen, wie ich sie vor ihm nicht kannte. Es ist, als würden wir miteinander verschmelzen, ich vergesse alles um mich herum vor lauter Liebe. Aber dann, plötzlich, ist er kälter als Stein. Beleidigt mich, macht sich über mich lustig, interessiert sich einen Scheiß für mich. Er baut Mist und dreht und wendet es anschließend so, dass ich als die Dumme dastehe und er als das Opfer. Vor einer Woche habe ich mich nun von ihm getrennt, er ist zu weit gegangen (hat mich betrogen). Aber so überzeugt mein Kopf von dieser Entscheidung auch ist, mein Herz sagt etwas ganz anderes. Ich vermisse ihn. Es ist, als würde ich immer und immer wieder ins offene Messer rennen, obwohl ich weiß, dass es keine Aussicht auf Besserung gibt, solang er keine Therapie macht. Manchmal frage ich mich, wer von uns beiden kränker ist – er oder ich?« Jutta schrieb selten Antworten – wenn sie einmal damit anfing, fanden die Nachrichtenwechsel schwer ein Ende. Aber heute war ihr danach. »Liebe Kyr030«, schrieb sie, »wenn Du Dich fragst, wer von Euch beiden kränker ist, bist Du wahnsinnig ehrlich zu Dir. Und Deine Frage ist berechtigt. Zu jeder Störung gehört ein Gegenpart: Der Ermöglicher, der Co-Abhängige heißt es in der Psychologie. Dein Ex-Freund kann seine Störung auch deswegen ausleben, weil Du seinen verqueren Weg mit ihm gehst. Die einzige Chance, die Ihr und vor allem Du jetzt hast, ist herauszufinden, warum Du das machst. Um dann aufhören zu können. Das ist – wenn überhaupt – auch die einzige Möglichkeit, ihm zu helfen. Wenn Du weiter einfach neben bzw. *hinter* ihm hertaperst, läuft Ihr ziemlich sicher gemeinsam ins Nirgendwo. Ich hoffe, meine Antwort ist nicht zu hart, Kyr030. Sie soll Dir Mut machen! Es geht so vielen hier wie Dir, und der einzige Weg da raus ist der zu Dir selbst. Alles Liebe, Deine juffm«.

Als Miriam vorgefahren war, kam ihr Freund aus dem Haus, sie wechselte auf den Beifahrersitz, er setzte sich ans Steuer. »Na, wollen wir irgendwo schön was essen gehen? Ich hab total Hunger«, sagte er zur Begrüßung, als wäre nichts gewesen. Miriam freute sich einerseits über seinen Vorschlag, andererseits hatte sie vorhin schon erwähnt, dass sie noch so viel Arbeit hatte. Wenn er wirklich *ihr* eine Freude machen wollte, hätte er ja auch auf die Idee kommen können, zu Hause für sie zu kochen, während sie schon mal an den Schreibtisch ging. Oder? »Ich hab eigentlich zu viel zu tun ...«, setzte sie an. »Mann, du bist so eine Langweilerin geworden«, fiel er ihr ins Wort. Miriams Bauch krampfte. Sie wollte nicht, dass er so über sie dachte. »Bin ich nicht. Dann lass uns zum Thai gehen«, antwortete sie also, nahm sich aber vor, sich nach dem Essen wirklich zurückzuziehen. Als sie losfuhren, piepte ihr Handy. Eine SMS von Natascha. »Du Liebe, es tut mir leid wegen vorhin. Ich sehe ja, wie schlecht es dir geht, aber ich weiß einfach auch nicht mehr weiter. Meine Mutter hat doch diese Freundin in Frankfurt, die Psychologin. Ich könnte sie fragen, ob ihr mal telefonieren könnt. Was meinst du? Küsse«. Miriam freute sich. »Ja, das ist eine gute Idee«, antwortete sie sofort. Und »Ich bin froh, dass ich dich habe, Natascha. Danke«. Dann schaute sie ihren Freund an, der inzwischen gut gelaunt die Radiomusik mitsummte. »Schatz, nach dem Essen muss ich wirklich arbeiten, und ich möchte nicht davon abgehalten werden.« Lachend griff er nach ihrer Hand. »Na, ich halte dich sicher nicht vom Arbeiten ab. Im Gegenteil, ich mach dir gern noch zusätzliche Arbeit, wenn du möchtest!« Er zwinkerte ihr zu, und Miriam rollte kopfschüttelnd die Augen.

Kyra las sich die Antwort von juffm jetzt schon zum dritten Mal durch. Sie war so dankbar für das Angebot von narzissmus.net. In ihrem Freundeskreis konnte sie nur begrenzt mit Verständnis oder gar Ratschlägen rechnen, und bevor sie das Forum entdeckt hatte, war sie sich phasenweise völlig allein vorgekommen mit ihrem Problem. Was sie erlebte, *konnten* nur Leute verstehen, die so etwas auch schon mal durchgemacht hatten oder sich professionell mit Psychologie beschäftigten – Letzteres vermutete sie bei juffm. Ihre Worte trafen ins Schwarze, so weh das auch tat. All die Wut auf ihren Freund, die Ursachenforschung, die vielen Taktiken, die sie sich zurechtgelegt hatte, um besser mit ihm umzugehen ... eigentlich hatte nichts davon sie weitergebracht. Die Gedanken über ihre Beziehung verschlangen seit Monaten mindestens achtzig Prozent ihrer täglichen Energie. Mit den restlichen zwanzig versuchte sie, den Job und das, was von ihrem Privatleben übrigblieb, irgendwie auf die Reihe zu kriegen, was mehr schlecht als recht gelang. Sie fühlte sich ausgelaugt. Vielleicht ist es einen Versuch wert, dachte sie. Möglicherweise blieben ihr noch ein paar Tage, ehe er sich bei ihr meldete, und sie konnte das Telefon stumm schalten und bewusst etwas nur für sich tun.

Am nächsten Abend saß Jutta in ihrer Küche und wartete auf einen Anruf aus Hannover. Natascha, die Tochter einer engen Freundin, hatte sich morgens bei ihr gemeldet und sie um ein Telefonat mit einer jungen Frau namens Miriam gebeten. Natascha machte sich große Sorgen um sie, und Jutta hatte sofort eingewilligt. Miriam sollte sie um 18 Uhr anrufen, doch inzwischen zeigte die kleine Digitalanzeige am Herd schon 18.14 Uhr. Als weitere zehn Minuten verstrichen waren, schickte Jutta eine SMS an Natascha: »Liebe Natascha, wollte Miriam nicht um sechs anrufen? Hat sie die richtige Nummer? Viele Grüße, Jutta«. Es dauerte nur wenige Augenblicke, ehe die Antwort kam: »Ich wollte dir gerade schreiben, Jutta – Miriam ist im Krankenhaus.«

Es hätte niemals so weit kommen dürfen. *Sie* hätte es niemals so weit kommen *lassen* dürfen, dachte Miriam. Als der Arzt vor ihr stand, um ihr allerlei Fragen zu ihren Ernährungsgewohnheiten, zum Medikamentenkonsum und Vorerkrankungen zu stellen, antwortete sie genau. Aber eigentlich wusste sie schon, dass das Magengeschwür eine ganz andere Ursache hatte. In wie vielen Situationen hatte ihr Bauch in den letzten Monaten rebelliert. »Kann es auch sein, dass das durch Stress kommt?«, fragte sie. Der Arzt nickte. »Zumindest kann er die Entstehung begünstigen, ja. Haben Sie beruflich denn so viel um die Ohren?« Miriam legte eine Hand auf die Magengegend. »Nein, es ist eher privat …«, sagte sie etwas zögerlich. Der Arzt nickte. »Was auch immer es ist, junge Frau, Sie sollten dringend versuchen, es abzustellen.« Miriam schloss erschöpft die Augen. »Ja, das werde ich machen, sobald ich wieder auf den Beinen bin.« Sie dachte ganz fest an Natascha und an Jutta, die Psychologin aus Frankfurt.

Kyra lief nicht schnell – aber sie lief! Erst hatte sie eine Runde durch den nahegelegenen Volkspark gedreht, jetzt joggte sie locker kreuz und quer durch die Straßen. Sie war ein bisschen stolz, dass sie nach so langer Zeit noch immer eine gute Stunde durchhielt. Die frische Luft beim Einatmen und das leichte Kribbeln in den Beinen beruhigten sie, und sie hatte das Gefühl, das erste Mal seit langem wieder einen klaren Gedanken fassen zu können. Sie bog gerade in ihre Straße ein, als sie in einiger Entfernung eine junge Frau auf sich zukommen sah. Sie erschrak. Es war die Ex-Freundin ihres Ex-Freundes, ihre Vorgängerin. Die beiden kannten sich vom Sehen, Kyra hatte aber noch nie länger mit ihr gesprochen. »Kyra?«, rief die andere überrascht, »was machst du denn hier?« Während die beiden Frauen aufeinander zusteuerten, überlegte Kyra noch, ob sie flunkern sollte. Aber als sie schließlich das aufrichtige Lächeln der anderen sah, entschied sie sich dagegen. »Wir haben uns getrennt, ich wohne jetzt hier.« Die andere war sichtbar betroffen. Ohne zu zögern ging sie einen letzten Schritt auf Kyra zu und nahm sie fest in den Arm. Die Tränen flossen sofort über Kyras Gesicht, sie konnte das Schluchzen nicht unterdrücken. »Du Arme«, sagte die andere, ohne die Umarmung zu lösen, »das tut mir leid. Ich glaube, ich weiß, wie du dich fühlst.« Ein paar Augenblicke standen sie einfach so da. »Er hat mich betrogen, und seine Art, damit umzugehen … Es tut so weh …« Kyra wischte sich über die Augen und suchte in ihrer Hose nach einem Taschentuch. Die junge Frau schüttelte ungläubig den Kopf. »Und ich dachte, dass er sich für dich verändert hat …« Fragend blickte Kyra sie an, als die andere auf ein Haus am Ende der Straße zeigte. »Pass auf, da in der 16 wohne ich. Wenn du Lust hast, zu reden, kannst du jederzeit zu mir kommen, Kyra. Ehrlich. Ich weiß nichts über eure Beziehung, aber ich hab mich damals mit der ganzen Sache und meinen Fragen ziemlich allein gefühlt, und es hat sehr lang gedauert, bis ich Antworten hatte. Wenn ich irgendwas dafür tun kann, dass du es nicht ganz so schwer hast, bin ich für dich da.« Kyras Beine waren zittrig. »Du glaubst auch, dass mit ihm etwas nicht okay ist …?«, erkundigte sie sich schüchtern. Die andere nickte. »Er macht nichts mit wirklich böser Absicht, aber am Ergebnis ändert das nichts. Ich war nach der Trennung ein Jahr lang in Therapie, um wieder zu mir zu kommen.« Kyra konnte ihren Ohren kaum trauen. »Bist du morgen Abend zu Hause?« Die andere lächelte. »Ja, was hältst du von acht Uhr? Ich koch uns was.«

Jutta lag an diesem Abend noch lange wach und las. Es war schon kurz nach zwei Uhr morgens, als ihr Laptop auf dem Sekretär plötzlich *Ging* machte. Sie stand auf und holte das Gerät ins Bett. Im Posteingang war eine Nachricht: Absender: *Narzissmus.net*, Betreff: *kyr030 hat Ihnen eine Privatnachricht geschickt.* »Liebe juffm, seit gestern schon will ich Dir für Deinen Beitrag danken, denn Du hast in allem so recht. Ich werde mich auf die Suche nach den Gründen für meine Abhängigkeit machen, schon morgen fange ich damit an: Ich gehe zum Essen zur Ex meines Ex, sie wohnt nur ein paar Häuser weiter und ist mir vorhin begegnet, so einen Zufall gibt es doch gar nicht! Sie hat mir angeboten, über alles zu reden. Es scheint, als habe sie die gleichen Erfahrungen mit ihm gemacht und würde einen Ausweg kennen. Allein, das zu wissen, tut schon so gut. Außerdem war ich vorhin das erste Mal seit fast zwei Jahren wieder laufen! Wer weiß, vielleicht melde ich mich sogar für den Berlin-Marathon an. Vor mir liegt ein weiter Weg, in jeder Hinsicht. Aber vielleicht kann ich es schaffen. Wir hören uns sicher wieder einmal hier im Forum. Danke. Alles Liebe und gute Nacht, kyr030«. Jutta freute sich sehr über diese späte Post. Sie schloss Laptop und Buch und knipste das Licht aus, um zu schlafen.

Nellyweg

Nelly, 31 Jahre

Nelly war nie sonderlich religiös gewesen. Als Schülerin besuchte sie den evangelischen Unterricht, und ja, konfirmiert worden war sie auch mit 14. Aber eigentlich nur, weil es eben dazugehörte. Alle machten das. Es tat nicht weh und lohnte sich ja auch, wegen der Geschenke und der schönen Feier. Als Teenager konnte man sowieso noch gar nicht begreifen, was Glauben bedeutet, fand Nelly später. Jetzt besuchte sie die Kirche einmal im Jahr – am Heiligen Abend in ihrer Heimatstadt. Dort traf sie Freunde von früher, die sie seit dem Abi aus den Augen verloren hatte, und auch das Singen in der Kirche gehörte irgendwie zu Weihnachten. Aber eine gläubige Christin? War Nelly nicht. Allerdings auch keine überzeugte Atheistin. Eigentlich war ihr der Glaube einfach egal, wenn sie ehrlich war. Ihr fehlte nichts.

Oliver kannte sie schon fast ihr halbes Leben lang, und seit zehn Jahren war er der Mann an ihrer Seite. Richtig einfach war es zwischen ihnen nie gewesen. Er, der Supersportler, der jede freie Minute in Aktion verbrachte, und sie, die Kreative mit dem Hang zum Müßiggang. Manchmal nervte es Nelly, wenn Oliver vorzog, mal wieder einen Abend beim Training zu verbringen, anstatt mit ihr ins Theater zu gehen. Und auch er hätte sich dann und wann gewünscht, mal vom Spielfeldrand aus von ihr angefeuert zu werden. Doch spätabends, wenn sie gemeinsam im Bett lagen und einander erzählten, was sie erlebt hatten, war meistens alles wieder gut. Jeder von ihnen freute sich aufrichtig, wenn der andere Spaß gehabt hatte. Dann nahm Oliver Nelly fest in den Arm, und wenn sie ihren Kopf zum Einschlafen auf seine muskulöse Brust legte, fand sie, dass sein Sportwahn auch gewisse Vorzüge hatte.

Gegensätze ziehen sich an, davon war Nelly so lange überzeugt, bis Oliver eines Tages vom Schwimmen nach Hause kam und von einem Neuzugang aus dem Verein berichtete. *Wiebke.* Wiebke war ja *so lustig, so nett.* Wiebke schwamm wie ein Delphin! Und nicht nur das, in den folgenden Wochen musste Nelly erfahren, dass *Wiebke* auch lief wie eine Gazelle und sogar boxte wie ein kleines Känguru. Immer mehr Zeit verbrachte Oliver mit ihr. Als er schlussendlich an einem Wochenende vor Ostern seine zehnjährige Beziehung zu Nelly mit den Worten »Ich glaube inzwischen, wir sind doch zu verschieden« beendete, war sie nicht wirklich überrascht. Aber ihr Schmerz darüber, Oliver an ein »Gleich und Gleich gesellt sich gern« zu verlieren, war bodenlos.

Das Erste, was Nelly tat, war aufzuhören zu essen. Nicht aus Überzeugung, ihr wurde jedes Mal schlecht, wenn sie versuchte, etwas zu sich zu nehmen. Innerhalb von drei Wochen verlor sie fast zehn Kilo. Dann war ihr Körper so geschwächt, dass sie während ihrer Arbeit im Verlag vor den Augen der Kollegen in Ohnmacht fiel. Das war Nelly fürchterlich unangenehm, aber sie war sich sicher, dass es bei dem einen Mal bleiben würde. Als sie zwei Tage später schon wieder neben ihrem Schreibtisch lag, bat ihre Chefin sie um ein Gespräch unter vier Augen. Sie verstand, was mit Nelly los war, denn wenige Jahre zuvor hatte sie selbst eine Scheidung durchlebt. Also bot sie ihr an, ein Sabbatical zu nehmen – drei Monate Urlaub bei fünfzigprozentiger Vergütung, um wieder zu sich zu kommen und Kraft zu schöpfen für einen Neustart. Niemals wäre Nelly von allein auf diese Idee gekommen. Als ihr aber klar wurde, dass ihre Chefin das Angebot ernst meinte, fühlte sie sich erleichtert. Sofort sagte sie zu. Am Abend rief sie ihre Schwester an, die mit ihrem Mann eine große Finca im spanischen Galicien bewohnte, und fragte, ob sie kommen könne.

Raus aus dem trüben Deutschland, wo der Frühling nicht so recht in Gang kam, und ab ins warme Spanien. Nelly hatte gehofft, dass die Sonne ihr guttun würde. Aber nun erschien ihr die Sonne wie der blanke Hohn. Sie machte alles noch schlimmer. Die meiste Zeit des Tages verkroch sie sich in ihrem Zimmer und kam erst abends heraus, wenn ihre Schwester von der Arbeit zurück war und es draußen schon fast dunkelte. Drei Wochen lang ging es so.

Zu Beginn der vierten Woche kehrte ihr Appetit langsam zurück. In größeren Abständen überkam sie Heißhunger auf irgendetwas Süßes, Fettiges – sie hatte Nachholbedarf. Da der Haushalt ihrer Schwester mit derart ungesundem Zeug nicht gerade üppig ausgestattet war, sah sich Nelly gezwungen, vor die Tür und in den kleinen Ort zu gehen, um einzukaufen.

Auf ihrem Rückweg vom Supermarkt kam sie an einer winzigen Buchhandlung vorbei, die auf einem Tisch vor der Tür immer einige Bücher ausliegen hatte. Mit einem großen Stück Mandelgebäck in der Hand blieb Nelly dort irgendwann stehen und ließ ihren Blick über die Titel schweifen. »*El*

Camino de Santiago«, »Guía práctica para la preparacion del viaje«, »Los Caminos de Santiago en moto« – ein ganzer Stapel von Reiseführern widmete sich dem Jakobsweg. Natürlich hatte sie schon oft von dem Pilgerpfad gehört, es hatte vor einigen Jahren ja mal einen regelrechten Boom in den Medien gegeben. So wusste sie auch, dass der beliebteste Abschnitt nicht weit vom Dorf ihrer Schwester entfernt verlief. Aber eingehender hatte sie sich damit noch nicht beschäftigt. Nun allerdings ging ihr die Sache den ganzen Rückweg über nicht mehr aus dem Kopf.

Zurück auf der Finca, setzte Nelly sich an den Computer und begann, über den Jakobsweg zu recherchieren. Warum ihr die Idee zu wandern – denn nichts anderes war es ja – plötzlich so gut gefiel, wusste sie selbst nicht genau. Vielleicht waren es die schönen Naturaufnahmen auf den Covern der Reiseführer. Oder die Hoffnung, dass die körperliche Anstrengung sie von allen tristen Gedanken würde ablenken können. Vielleicht war es aber auch die Tatsache, dass sie seit fast vier Wochen in ihrem dunklen Zimmer saß und spürte, dass jetzt der nächste Schritt kommen musste. Oder viele kleine.

Bereits am Tag darauf stand Nellys Entschluss fest. Sie sagte ihrer Schwester, dass sie vorhatte, den Jakobsweg zu gehen. Die fand die Idee super und rief sofort ein paar Freunde aus dem Ort an, um sich die notwendige Ausrüstung zu leihen. Nur Wanderstiefel musste Nelly sich noch kaufen. Deshalb fuhren die beiden Frauen in die nächstgrößere Stadt zu einem Schuhgeschäft. Während Nelly im Auto saß, merkte sie, dass sie sich das erste Mal seit ihrer Trennung von Oliver wieder auf etwas freute. Bald würde sie im Zug Richtung Léon sitzen, um dann noch etwas weiter östlich ihren Marsch nach Santiago de Compostela zu beginnen.

♥ ♥ ♥

Was genau auf dem Jakobsweg mit Nelly geschah, konnte sie sich danach nicht mehr erklären. Eines war jedoch sicher: Sie war losmarschiert in der bloßen Absicht, sich zwei bis drei Wochen abzulenken, ihren Körper zu ermüden und von allem abzuschalten. Doch der Pilgerpfad hatte etwas anderes mit ihr vor.

Zunächst waren da die vielen Menschen. Alte, junge, erfahrene, unerfahrene, frohe, traurige, religiöse, sportliche, sie alle waren hier unterwegs. Nelly kam mit ihnen ins Gespräch, denn auf dem Jakobsweg war man offen und gleich, falsche Zurückhaltung zählte hier nicht. Mit vielen ging sie eine Weile und mit manchen sogar mehrere Tage. Jeder von ihnen reagierte anders auf Nellys Verfassung, die zu spüren war, selbst wenn sie nie konkret davon berichtete.

Ein Mann erzählte ihr von einer schweren Krankheit, die er hinter sich hatte. Mit der Pilgerreise bedankte er sich dafür, dass er überlebt hatte. Eine Frau, die schon nicht mehr so schnell gehen konnte, beglückwünschte Nelly zu ihrer Jugend und Schönheit. Ein Kind, das der Vater in einem kleinen Bollerwagen hinter sich herzog, lachte unentwegt und freute sich über die vielen Tiere rechts und links des Weges.

Aus allen Gesprächen nahm Nelly etwas für sich mit, und schon bald stellte sie fest, wie sich ihr Blick auf die eigene Situation veränderte. Schritt für Schritt kam sie etwas weiter aus ihrer dunklen Wolke heraus und konnte irgendwann erkennen, wie wunderbar der spanische Sonnenschein eigentlich war.

Dann sah sie die Frühlingslandschaft. Das schönste Grün des Jahres, weite gelbe Felder, Hügel wie auf Leinwand gemalt und natürlich die vielen kleinen Orte, die sie durchquerte und in denen sie sich jeden Tag eine schlichte Unterkunft suchte. An manchen Abenden, wenn sie mutterseelenallein in einem

Bett irgendwo in Spanien lag, fühlte sie sich geborgen wie selten zuvor.

Am Ende der ersten Woche war Nelly derart erfüllt von ihren vielen neuen Gedanken, dass sie sich ein kleines Notizheft zulegte. Darin notierte sie fortan alles, was ihr einfiel, um es nicht wieder zu verlieren. Die wenigsten ihrer Gedanken hatten zwar konkret mit ihrem Liebeskummer zu tun, aber jeder von ihnen war auf irgendeine Weise hilfreich. Abends im Bett las sie sich immer wieder durch, was sie geschrieben hatte.

Nellys Gedanken gegen Liebeskummer

1. Verliere niemals Deinen Weg aus den Augen.
2. Öffne Dich anderen Menschen, und sie werden sich Dir öffnen.
3. Mute Dir nicht zu viel zu. Mach nur so viel, wie Dir möglich ist.
4. Nimm Dir jeden Tag Zeit, zur Ruhe zu kommen und mit Dir allein zu sein.
5. Es gibt kein Gut ohne Böse, kein Schön ohne Hässlich. So ist es auch mit der Liebe. Erst durch Leid und Schmerz können wir wirklich erfahren, was es bedeutet, glücklich zu sein.
6. Du allein bist für Dein Lebensglück verantwortlich.
7. Mache Fehler, aber mache nie den gleichen Fehler mehrfach.
8. Manchmal passieren uns schmerzhafte Dinge im Leben. Da das niemand verhindern kann, müssen wir lernen, mit ihnen weiterzugehen (siehe Punkt 1).
9. Glück liegt in der Zufriedenheit des Augenblicks.
10. Unsere Lebenszeit ist das Kostbarste, was wir besitzen. Wir sollten jeden Augenblick nutzen.

Als Nelly nach 18 Tagen am Ende ihres Marsches in Santiago ankam, kannte sie nicht nur ihre Liste auswendig. Sie hatte das Gefühl, wieder ganz bei sich zu sein. Ihre Ohnmacht in Deutschland, das verdunkelte Zimmer auf der Finca – all das kam ihr plötzlich sehr, sehr weit weg vor.

Sie saß auf einer Treppe und spürte die Wärme der Mittagssonne auf ihrer Haut, als ihr klar wurde, dass sie jetzt *glaubte*. Nicht an Gott oder an die Kirche. Aber sie hatte den Glauben gewonnen, dass es einen Weg für sie gab, den es sich lohnte, weiter zu gehen. Wegbegleiter kamen und gingen. Mit Oliver hatte sie zehn wundervolle Jahre verbracht. Nun hatte er eine andere Abzweigung genommen, aber an Nellys Ziel würde das nichts ändern! Sie würde nach vorn blicken und ihrem eigenen Pfad folgen, denn sie hatte Vertrauen ins Leben gewonnen.

Plötzlich fühlte Nelly sich stärker als jemals zuvor. Und sicherer. Denn sie wusste, dass sie so schnell nichts mehr würde aus der Bahn werfen können. Solange sie ihrem Glauben folgte. Sie würde ans Ziel kommen, an ihr persönliches Ziel. So, wie sie es bis hier auf die steinerne Treppe der mächtigen Kathedrale von Santiago de Compostela geschafft hatte.

Eine Gruppe von Pilgern kam gerade auf Nelly zu und stieg die Stufen zum Eingang der Kirche empor, als sie aufstand und sich mit einem Lächeln auf den Lippen in entgegengesetzter Richtung entfernte.

Geschafft

Karin, 52 Jahre

Vom ersten Interview bis zu dem Moment, da ich den letzten Satz dieses Buches schreibe, ist ziemlich genau ein Jahr vergangen. Viele der Frauen und Männer, deren Geschichten in *Schluss mit Kummer, Liebes* erscheinen, haben während dieser Zeit den Kontakt zu mir gehalten. »Stellen Sie sich vor, was jetzt noch passiert ist, Frau Sohn, das muss ich Ihnen erzählen!«, hieß es dann, oder: »Heute geht es mir tatsächlich etwas besser, aber das schwankt wahnsinnig momentan.« Mit einigen von ihnen entstand ein derart reger Mailwechsel, dass ich beinahe tagesgenau über ihren Liebeskummer Bescheid wusste – über das Auf und Ab, ihre Fragen, Gedanken und Sorgen. Und so wurde ich oft auch Zeugin des wunderbaren Moments, wenn Hoffnung und Freude zurückkehren.

Karin und ich haben erst gemailt, dann telefoniert, dann wieder monatelang gemailt. Gestern haben wir uns endlich getroffen. In einem kleinen Eiscafé in Berlin, gleich um die Ecke von meinem Zuhause. Das Wetter war trübe, und trotzdem kommt es mir heute so vor, als hätte die Sonne geschienen. Deswegen habe ich beschlossen, über Karin – stellvertretend für viele andere, die mich in den letzten zwölf Monaten mit ihren Geschichten begleitet haben – die folgende, chronologische »Langzeitbeobachtung« zu Papier zu bringen.

Karins erste Nachricht erreichte mich am 24. Juli 2012.

Liebe Frau Sohn,

für Ihr Buch möchte ich Ihnen gern von meinem persönlichen »Super-*GAU*« berichten. Er liegt jetzt genau 8 Monate zurück und zerrt immer noch sehr an mir:

Mein Ehemann (62), meine große Liebe, hat mich im vergangenen Dezember nach fast genau 30 gemeinsamen Jahren wegen einer anderen, nicht jüngeren Frau verlassen und ist direkt mit ihr zusammengezogen, leider ganz in die Nähe meiner Arbeitsstelle. Er sagt, wir hätten uns ja nie so richtig verstanden …!!!

Seit Mai hat unser Kontakt sich wieder intensiviert, nachdem ich ihn bis dahin nach dem Gang zum Rechtsanwalt, der Erledigung aller Formalitäten und der Verbannung seiner persönlichen Sachen aus unserem gemeinsamen Haus (alles zutiefst schmerzhaft und wie unwirklich empfunden) auf Eis gelegt hatte. Jetzt aber wollte ich mich und ihn und unsere Gefühle füreinander prüfen – und das hat mir nicht wirklich gutgetan!

Mein Leben ist mir unter den Füßen weggebrochen, ich fühle mich wie nach einem schweren Unfall (so stelle ich mir das vor), nachdem man sich ganz, ganz langsam wieder erholt und erst nach und nach die Krücken weglassen kann. Die Schmerzen waren und sind manchmal noch körperlich spürbar – nichts ist mehr, wie es einmal war.

Gerne erzähle ich Ihnen weitere Einzelheiten am Telefon, schlagen Sie etwas vor. Ich freue mich sehr auf Ihre Antwort und vielleicht auf ein Gespräch.

Herzliche Grüße sendet Ihnen
Karin P.

Wir vereinbarten ein Telefonat für den 31. Juli, einen Diens-
tagabend, um 20:30 Uhr. Es war ein eher kühler, aber trocke-
ner Sommertag, und eingemummelt in eine Wolldecke
machte ich es mir am geöffneten Fenster bequem.

Was ich dann zu hören bekam, war tiefe Traurigkeit. Karin hatte einen Versuch unternommen, ihren Noch-Mann
zurückzugewinnen. In einem langen Gespräch, mit lieben
Worten und viel Verständnis. »Ich wollte an sein Herz und
seine Vernunft appellieren, Frau Sohn. Dreißig Jahre kann
man doch nicht einfach so wegschmeißen. Wir sind doch gerade Großeltern geworden …«, erzählte sie mir, ehe Tränen
ihre Stimme erstickten. Ihr Mann hatte völlig zerrissen reagiert, eine klare Antwort war er ihr schuldig geblieben. »Ich
brauch noch mehr Zeit, Karin, ich weiß nicht, ob ich dich
will, oder sie!«, hatte er gesagt, bevor er ins Auto gestiegen
und davongefahren war.

Karin und ich sprachen beinahe zwei Stunden. »Sie hat
eigentlich keine Kraft mehr, noch länger zu warten, und kann
doch nicht anders« und »Manchmal möchte sie nur noch laut
schreien« stand anschließend ganz unten auf meinem Notiz-
zettel. Die nächste Nachricht von Karin erreichte mich fast
drei Monate später, am 24. Oktober 2012.

Guten Morgen Frau Sohn,

wie geht es Ihnen?

Manchmal muss ich an unser Telefonat denken und daran, dass ich Ihnen erzählte, wie sehr ich mir wünsche, dass mein Mann sich wieder mir
zuwendet.

Nun ist es tatsächlich so weit: Er hat sich eine eigene Wohnung genommen und sich von der anderen Frau getrennt, weil er die Zukunft

neu mit mir gestalten möchte. Ich kann es kaum fassen. Die räumliche Trennung empfinde ich als angenehm und vorteilhaft, aber ich habe fürchterliche Angst vor der Unberechenbarkeit dieses ganzen Vorhabens.

Können Sie mir etwas Mut machen? Viele meiner Freunde betrachten das Unterfangen mit Argwohn und sehr, sehr kritisch (Tenor: »Das könnte ich nicht ...« oder schlimmer: »Einmal Fremdgeher, immer Fremdgeher ...«).

Wie sehr lässt man sich von solchen Äußerungen doch beeinträchtigen in seiner Festigkeit! Dann tröstet mich ein Ausspruch von Goethe: »Welch eine himmlische Empfindung ist es, seinem Herzen zu folgen.«

Mögen Sie mir antworten? Ich würde mich sehr freuen, denn Sie schöpfen ja aus einem gewissen Erfahrungsschatz ...

Viele liebe Grüße aus meiner Heimat, die sich heute grau in grau zeigt,

Ihre Karin P.

Ich schickte Karin sofort eine Antwort, hielt mich mit einem Ratschlag jedoch zurück. Ich bin ja »nur« Gründerin der Liebeskümmerer, nicht Therapeutin. Alles, was ich ihr sagen konnte, war meine persönliche Ansicht:

Ich finde, Freunde sollen und dürfen ihre Meinung äußern, wenn man Liebeskummer hat. Aber: Die Entscheidung, ob man dem oder der Ex noch eine Chance gibt, trifft man allein. Denn zum einen kann kein Dritter von außen wirklich beurteilen, was zwischen zwei Menschen vorgeht. Und zum anderen hat jeder das Recht, seine eigenen Fehler zu machen. Der Weg ist das Ziel. Das sollte man respektieren – sowohl in der Rolle des Freundes als auch in der des Ratsuchenden.

»Der verlässlichste Seismograph, den Sie haben, ist neben dem, was Ihr Herz Ihnen sagt (was für ein tolles Zitat von Goethe, ich kannte es noch nicht!), Ihr Bauchgefühl«, schrieb ich Karin. »Wenn das den Eindruck hat, dass etwas nicht stimmt, dann wird es recht haben. Seien Sie also ruhig angemessen kritisch und machen Sie es Ihrem Ex-Partner nicht allzu leicht!« Das nächste Mal hörte ich von ihr zwei Tage später, am 26. Oktober 2012.

Liebe Frau Sohn,

danke für Ihre liebe Antwort! Mein armer Bauch, was der jetzt leisten muss. Aber er macht das ganz gut, denke ich … und hoffentlich auch weiterhin.

In der letzten Woche (bevor ich Ihnen schrieb) war ich übrigens mit einer Freundin in Rom, es war herrlich warm und wir hatten gute Gespräche, viel Spaß und ab und zu Tränen … Jetzt gleich starte ich mit meiner Mutter zu meiner Schwester, wo wir den Geburtstag meines Schwagers feiern – Sie sehen also, ich genieße erst mal mein Leben, natürlich umso mehr, seit ich das gute Gefühl habe, dass ich doch nicht so einfach »abgelegt« werden kann. Vielleicht ist es auch eine kleine Genugtuung, wenn das nicht zu negativ klingt.

So, ich wünsche auch Ihnen ein schönes Wochenende – es ist lausig kalt geworden, aber dagegen gibt's ja die richtigen Jacken!

Liebe Grüße
Ihre Karin P.

Es vergingen nur zehn Tage, ehe mich am 6. November Karins nächste E-Mail erreichte.

Liebe Frau Sohn,

wie viel kann ein Mensch aushalten?

Heute habe ich einen Notfall-Termin bei einem Psychotherapeuten bekommen – ich schaffe es sonst nicht. Alle haben mir Mut gemacht, meine geliebte Familie und meine Freunde hier am Ort. Aber da ist jemand, der es schafft, dass mein Selbstwertgefühl gen null geht.

In den letzten 2 Monaten war ich doch glücklich – jeden Tag etwas mehr, weil mein Mann sich wieder um mich bemühte. Schlussendlich sagte er zu mir, alles tue ihm schrecklich leid, er liebe nur mich und wolle die Zukunft mit mir gestalten. Gemeinsamen Bekannten, die in der letzten Zeit unseren Weg kreuzten, erzählte er von uns und der »Wende«. Das alles gab mir Sicherheit und Vertrauen zurück.

Nachdem die andere Frau ihm aber Hausverbot erteilt und jeglichen Kontakt abgebrochen hatte, versuchte er sie in den letzten Tagen zu sehen – er hatte ihr überhaupt nicht gesagt, dass er sein Leben mit mir weiterleben wollte! In einer Kurzschlussreaktion, aus Angst, ihn ein weiteres Mal zu verlieren, habe ich das dann übernommen, und die Worte, die ich wählte, waren nicht sonderlich schön.

Gestern dann habe ich von einem erneuten Kontakt zwischen den beiden erfahren, indem ich ihn direkt darauf angesprochen habe, dass er wohl bei seiner Freundin gewesen sei. Er hat es zugegeben und gesagt, dass er sie noch liebe und ich, oder besser gleich alle, sollten ihn doch in Ruhe lassen. Er bräuchte Zeit! Alle würden an ihm zerren.

Ich habe geweint und ihm gesagt, dass ich ihn nicht wieder verlieren will und dass ich ihm geglaubt habe. Danach wollte ich ihn sehen (wir haben ja trotz der vorübergehenden Annäherung weiter getrennt gewohnt), aber er wollte nicht.

Und jetzt? Ich fühle mich so leer, so leer ...

Meine beste Freundin, die auch seine Freundin ist und in Kontakt zu ihm steht, sagte mir heute Morgen (»Damit du es endlich begreifst, bin ich so hart zu dir«): Er hat bei mir angerufen und gesagt: »Wenn ich das mit A... wieder hinkriege, haue ich mit ihr ab. Ich liebe sie doch noch, es war immer so schön mit ihr. Karin hat ja wieder einen Nervenzusammenbruch am Telefon gehabt. Stell dir mal vor, sie tut sich mit P... (der Freund meiner Freundin, die beiden haben zurzeit ein angespanntes Verhältnis) zusammen, das wär' doch was, hahaha ...«

Das muss ich jetzt aushalten ...

Drücken Sie mir die Daumen, wieder einmal, dass ich den Absprung endlich schaffe, und schreiben Sie mir Ihre Gedanken, bitte!

Ihre Karin

Wie viel kann ein Mensch aushalten? Was für eine berechtigte Frage. Leider viel mehr, als gesund ist, sagte ich Karin. Und bat sie, sich Rückhalt zu suchen: Freunde, Familie, eventuell eine Reise. Außerdem brachte ich sie auf den Gedanken, ihre Freundin darum zu bitten, in Zukunft nichts mehr von ihrem Noch-Mann zu erzählen. Karins Antwort kam einen Tag später.

Liebe Elena,

wieder einmal danke für Ihre Zuwendung!

Gestern Abend war ich bei besagtem Psychotherapeuten. Ich erzählte ihm von meiner Angst vor dem starken Gefühl des erneuten Verlassenseins, und er fragte mich, ob das Gefühl über mich herrsche oder ich über das Gefühl.

Ersteres ist der Fall, so viel ist mal klar – aber aus der Erfahrung der letzten Monate weiß ich, dass das vorbeigeht. Ein bisschen besser geht es mir heute schon – was ich im zurückliegenden Jahr gar nicht fühlte, spüre ich nun doch: Wut! Wut auf diesen Menschen, der so mit mir umgeht und auch noch denkt, er hätte die Wahl!

Vielleicht haben Sie einen Tipp für mich, wie und wann ich ihm am besten mitteile, dass nicht er die Wahl hat, sondern ich mich gegen ihn als »Partner« entscheide. Es sollte wohl bald sein, aber ein Telefonat traue ich mir nicht zu. Ein Brief? Eine E-Mail? Eine *SMS*? Ist es überhaupt nötig? Kann ich meine Entscheidung auch für mich behalten und sie nur mit meiner Familie und meinen Freunden teilen? Soll er ruhig weiterhin glauben, dass er die Fäden in der Hand hat? Was meinen Sie, liebe Elena? Ein bisschen kennen Sie mich ja nun schon.

Übrigens, gestern hatte ich bereits nach dem morgendlichen Telefonat mit meiner Freundin zu ihr gesagt, dass sie mich in Zukunft mit Details verschonen soll – ich weiß, dass weitere Infos nicht mehr nötig sind.

Ganz, ganz liebe Grüße aus diesem rauen Klima (im doppelten Sinn)

Ihre Karin

Ich freute mich sehr zu hören, dass Karin Hilfe in Anspruch genommen hatte, und schrieb ihr das auch. Was ihren Noch-Mann betreffe, so sei es meiner Erfahrung nach eine Frage der inneren Haltung: Sobald diese wirklich und aus tiefer Überzeugung feststehe, sei völlig irrelevant, ob man seine Entscheidung dem Ex-Partner per Brief, Mail, SMS, Telefon oder gar nicht mitteilen würde. Denn früher oder später merkte er (oder sie) es ohnehin. Diesmal antwortete Karin prompt.

Liebe Elena,

ja, es ist meine innere Überzeugung, und ja, es gibt eigentlich nichts mehr zu sagen und er wird es einfach merken. Alles andere kostet nur Energie. Sie haben so recht. Danke! Wenn es etwas Neues gibt, melde ich mich – und ganz bestimmt, wenn ich Hilfe brauche!

Bis bald!
Ihre Karin

Nun kehrte erst einmal Stille ein zwischen Karin und mir. Bis mich ein Vierteljahr später, am 28. Februar 2013, wieder eine Nachricht von ihr erreichte.

Guten Morgen, liebe Elena,

heute habe ich keine guten Neuigkeiten und bin so erschrocken, ich muss Ihnen schreiben.

Der verlassene Ehemann, mein Gegenpart auf der »anderen Seite«, hat sich das Leben genommen. Er hat sich erhängt. Wie unendlich traurig das ist … Wie verzweifelt er gewesen sein muss.

Davon zu erfahren, hat mich schockiert und tief getroffen. Aber es öffnet mir auch die Augen: Keine Trennung dieser Welt ist es wert, das Leben aufzugeben! Das ist mir heute klarer denn je.

Die lichtarmen Tage sind nun bald vorbei, in jederlei Hinsicht.

Ich schicke Ihnen herzliche Grüße
Ihre Karin

Wie der Zufall es wollte, arbeitete ich zu dieser Zeit gerade an meiner Geschichte über »August«, den fast 80-jährigen Mann, der uns von seinem Selbstmordversuch geschrieben hatte. Sofort kamen mir seine Worte in den Sinn: »Wenn mein Bericht nur eine einzige Person vor dem gleichen Irrtum bewahren kann, lohnt die Mühe, alles zu Papier zu bringen, sich schon.« Für den Ex-Mann von Karins Rivalin kam diese oder andere Hilfe leider zu spät. Doch vielleicht brachte diese erschütternde Nachricht Karin selbst ein gutes Stück vorwärts. Meine Hoffnung sollte sich bestätigen, wiederum drei Monate später, am 2. Mai 2013.

Liebe Elena,

viel Zeit ist vergangen, seit wir uns das letzte Mal gehört haben, und es ist so viel passiert. Dieser Tag im Februar war vielleicht der allerdunkelste in meiner ganzen Geschichte. Aber danach ging es bergauf.

Und wissen Sie was? Ich würde es Ihnen am liebsten live erzählen, falls das möglich ist. Ende des Monats plane ich eine Reise nach Berlin zu einer Freundin – wie schön wäre es, Sie dann persönlich kennenzulernen!

Ich habe bereits eine Führung durch das Parlamentsviertel gebucht, außerdem eine Karte bestellt für das Theaterstück »Paarungen« (wie sinnig) in der Komödie am Ku'damm und freue mich auf den Frühling in Berlin! Wenn Sie die Möglichkeit haben, könnten wir vielleicht jetzt schon einen Termin für ein Treffen vereinbaren. Dann werden Sie sehen, wie gut es mir geht!

Gerade habe ich noch einmal auf der Homepage der »Liebeskümmerer« gelesen. Wie sehr erinnert mich das Intro an das, was ich durchgemacht habe. Ich dachte: Ja, so war das, zum Schluss dreht man sich nur noch im Kreis und muss aufpassen, dass man nicht »durchdreht«.

Und wenn man auch nicht daran glauben mag: Es passiert tatsächlich, früher oder später fängt man sich selbst wieder auf! Man wird wieder glücklich, die Energie kommt zurück. Bei mir ist das jedenfalls so, auch wenn ich die Frage, wie mein Leben in Zukunft aussehen soll, im Moment noch nicht beantworten kann. Ich weiß nur, wie es in Zukunft *NICHT* aussehen soll!

So, das war viel von mir – ich hoffe, Ihnen geht es gut! Es wäre sehr schön, von Ihnen zu hören.

Ganz liebe Grüße
Ihre Karin

Wir verabredeten uns für den 21. Mai. Karin saß schon vor dem Café und trank ein Glas Latte macchiato. Und obwohl ich sie mir ganz anders vorgestellt hatte, erkannte ich sie sofort. Kein anderer Mensch weit und breit wirkte so in sich ruhend wie sie. Ich ging auf sie zu, und wir begrüßten uns mit einer Umarmung.

»Sie sehen fantastisch aus, Karin«, sagte ich ehrlich, »wenn man's genau nimmt, strahlen Sie sogar richtig!« Sie lächelte glücklich. »Oh, danke! Ich kann die Tage hier in Berlin auch richtig genießen!« Das glaubte ich ihr sofort. »Wer hätte das im letzten Sommer und Winter gedacht, nicht wahr?« Sie lachte. »Ich hätte das für den Rest meines Lebens nicht mehr für möglich gehalten, Elena!«

Der düstere Tag im Februar war für Karin tatsächlich die Wende gewesen. Sie war nach wie vor getrennt von ihrem Mann, nur die Rechtsgültigkeit der Scheidung stand noch aus. Er lebte mit seiner neuen Freundin, versuchte allerdings, parallel den Kontakt zu Karin aufrechtzuverhalten.

»Insgeheim hofft er, glaube ich, dass er noch mal zu mir zurückkommen kann, falls er es sich doch wieder anders überlegt«, erklärte sie mir. »Aber falls es so weit kommt, wird er merken, dass er sich irrt.« So, wie sie es sagte, klang das keinesfalls nachtragend oder zynisch. Es war einfach eine Feststellung. »Ich lasse mich von ihm nie wieder aus der Bahn werfen. Dafür ist mir mein neues Leben viel zu wertvoll geworden. Das ist eigentlich die entscheidendste Entwicklung der letzten drei Monate.«

Sie erzählte mir von den vielen Reisen, die sie mit Freunden und der Familie plante. Von einem kleinen Flirt am Arbeitsplatz. Und natürlich von ihrer neuen Rolle als junge Großmutter, die zwar anstrengend sei, aber unglaublich erfüllend: »Manchmal habe ich das Gefühl, mein ganzer Körper besteht nur aus Herz. Da, wo in den letzten Monaten so viel Dunkelheit war, ist jetzt ganz viel Licht.«

»Also können Sie der Trennung jetzt sogar etwas Positives abgewinnen?« Ich war gespannt. »Jein«, meinte Karin. »Mir wäre natürlich lieber, es wäre niemals so weit gekommen. Aber das lässt sich nicht mehr ändern. Und selbst wenn, es würde nie mehr so werden, wie es mal war! Deswegen will ich keine Zeit mehr verschwenden. Ich hab nur dieses eine Leben, und das ist mir bewusster denn je. Wie dumm es wäre, nicht das Beste daraus zu machen. Ich bin ja nicht schlechter oder eine andere geworden, nur weil mein Mann sich von mir getrennt hat! Es gibt so viele Menschen, die sich über meine Liebe freuen.«

»Wow, das ist immer wieder überraschend, selbst für mich«, gab ich offen zu, »wie gestärkt man am Ende aus so einer Krise hervorgeht. Sie können wirklich richtig stolz auf sich sein!« »Bin ich auch ein bisschen.« Karins Augen strahlten mich an. »Aber jetzt erzählen Sie doch mal von Ihrer Arbeit ...«

Als ich später wieder an meinem Schreibtisch saß, piepte mein Handy. Es war Karin, sie schickte noch eine SMS: »Liebe Elena, es ist so schön, dass wir uns kennenlernen durften! Danke für Ihre Zeit und für Ihre vielen lieben Worte, die mich durch dieses Jahr getragen haben. Wenn ich einen einzigen Satz zu Ihrem Buch beitragen dürfte, wollte ich Ihnen noch sagen, dann wäre es dieser: Alles wird gut. Bis bald! Ihre Karin«

Nachwort

Liebe Leserin und lieber Leser,

ich hoffe, dieses Buch hat Sie unterhalten – und Ihnen vielleicht sogar einige gute Erkenntnisse gebracht. Möglicherweise denken Sie darüber nach, wie gern Sie Ihre eigene Geschichte beigesteuert hätten. Dann möchte ich Sie ermutigen: Teilen Sie sie mit mir! So kann sie vielleicht im zweiten Band von »Schluss mit Kummer, Liebes!« erscheinen. Vor allem aber wird Ihnen das Schreiben guttun.

meinegeschichte@die-liebeskuemmerer.de

Alles Liebe & Gute
Ihre Elena-Katharina Sohn

Danke

Allen Teilnehmerinnen und Teilnehmern.

Ulla & Joachim Sohn, Oliver und Pola.
Marieke Schönian.
Daniela Magdalena Varga, Birgit Maurer, Ann-Marlene Henning, Astrid Vlamynck, Miriam Junge, Ute Schmidt und Patrick Frink.
Ulrike P., Katharina K., Alexa A., Bettina H., Miriam B.-G., Nadine K., Ela S., Carmen C., Eva W., Gerald S., Karsten S., Georg S., Gregor B., Amadeus G., Kai B., Julius N. und natürlich D.
Lasse und Jule.
Sowie dem Café Einstein in der Schlüterstraße für zahlreiche schöne Stunden beim Schreiben.